실학자의 눈으로 본
장애 이야기

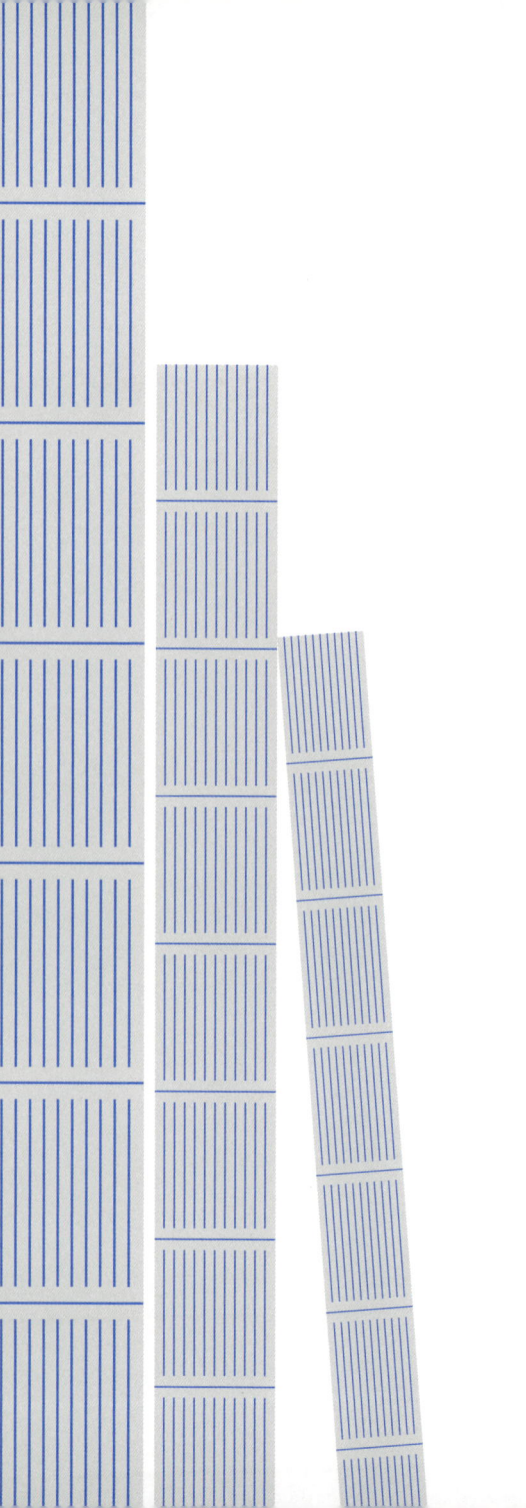

포용과 공존을 실천한 조선의 뛰어난 사상가들

실학자의 눈으로 본 장애 이야기

정창권 지음

시<u>ㄱ</u>ㅏ음의무늬

서문
:실학자의 장애 인식

그것은 정말 예기치 않게 발견한 장애사였다. 20대 중반 이후 대학원 시절부터 본격적으로 학문을 하며 수많은 책들을 보았지만, 실학과 장애의 역사가 서로 관련이 있을 것이라곤 한 번도 생각해 보지 못했다(물론 이것은 다른 학자들도 마찬가지여서, 실학과 장애의 관계를 규명한 연구는 지금까지 단 한 편도 나오지 않았다). 실학은 조선 후기 대표적인 사상으로, 기존 성리학의 공리공론을 벗어나 현실적이고 실용적인 학문을 했을 것이라고만 생각하고 있었다. 학문의 관점만 다를 뿐, 그들 역시 근본적으로 양반인지라 실제 생활방식은 기존 성리학자들과 별반 차이가 없을 것이라 생각했다.

하지만 박사학위를 받은 이후 한국 여성사와 함께 장애사 연구를 계속하면서 전혀 예상치 못한 사실을 접하게 되었다. 조선 후기에 장애를 가진 인물이 대거 등장하는데, 그들이 자꾸만 실학자와 복잡다단하게 얽히고설켜 있으며, 또 시각 장애, 청각 장애, 언어 장애나 지체 장애 등을 가진 실학자도 생각보다 많았다. 게다가 기존 성리학자들과 달리 그들은 신분과 나이, 장애마저 모두 초월한 채 활발한 교유(交遊) 관계를 맺고 있었다. 비록 17~19세기 실학자와 장애 인물에 국한된 이야기였지만, 장애와 비장애를 떠나 서로 자연스럽게 어울려 사는 '통합사회'를 이루고 있었다.

이후 2022년 고려대학교 민족문화연구원 주관으로 한국연구재단 인문사회연구소지원사업에 〈호모 아토포스의 인문학〉이란 주제로 연구과제를 지원하여 선정되었다. 필자 역시 고려대 국문과 이형대 교수의 추천으로 공동연구원이 되어 그동안 묵혀 두었던 '실학과 장애'의 관계에 대해 본격적으로 연구하기 시작했다(이 자리를 통해 이형대 교수께 다시 감사드린다).

현대 사회의 장애인은 신체적·정신적 결함이 있어 타인의 배려와 도움을 받아야 하는 사회적 약자로 인식되고, 비장애인에 비해 능력이 결여된 존재로 평가받고 있다. 이러한 인식은 장애인의 삶을 비장애인과 분리된 집과 수용시설 등으로 한정짓게 만든다는 문제점을 안고 있다. 심지어 장애사 관련 연구자들도 장애를 정상/비정상이라는 이분법적 틀로 바라보는 근대의 우생학적 사고로부터 자유롭지 못한 상황이다.

반면에 조선 후기 실학자들은 시대를 앞서가는 선진적인 장애 의식을 바탕으로 장애에 대한 편견 없이 일상을 공유했고, 개방적이고 포용적인 자세로 그들과 스스럼없이 교유했다. 그리하여 장애/비장애를 뛰어넘는 진정한 의미의 통합사회를 이루어 나갔다. 그것은 오늘날 주로 경제적 지원에 한정된 장애 복지정책을 반성하게 하고, 장애에 대한 비장애인의 인식 개선에도 많은 시사점을 주고 있다.

필자는 우선 이러한 취지의 논문을 써서 지난 2024년 1월 고전여성문학회에서 발표했고, 같은 해 5월 『호모 아토포스의 인문학』이란 연구총서에도 실었다. 그런 다음 실학과 장애의 관계에 대해 그동안 수집한 자료들을 토대로 본격적인 저서로 집필했다. 자연스럽게, 이 책은 조선 후기 장애/비장애가 어울려 살아가는 통합사회의 모습을 엿볼 수 있는 기회가 되리라 기대한다. 또 장애는 다양한 몸의 한 특징이자 차이에 불과할 뿐, 결코 특별하거나 부족한 것이 아님을 새롭게 확인할 수 있을 것이다.

이 책을 쓰는 도중인 2024년 3월 28일에 손녀 홍예린이 태어났다. 손녀는 내게 또 다른 삶의 의미를 부여해 줬다. 이전에 딸이 태어났을 때는 내게 아버지로서의 직접적인 책임감을 심어줬다면, 손녀는 간접적이지만 좀 더 멀리 살기 좋은 삶의 환경, 즉 좋은 세상을 만들어 물려주고 싶다는 꿈을 갖게 해주었다. 생의 마지막까지 그 생각을 잊지 않고 조금이라도 의미 있는 책을 쓰고 싶다.

태정 정창권

차례

서문: 실학자의 장애 인식 • 4

1. 프롤로그: **실학자의 장애 인식에 주목해야 하는 이유** • 10
2. 초기 실학자의 장애교육과 정치활동 • 24
3. 경세치용파의 수준 높은 장애관 • 52
4. 이용후생파의 선진적인 장애사상 • 96
5. 달성서씨 가와 장애 과학자 김영 • 132
6. 19세기 실학자들의 획기적인 장애관 • 172
7. 에필로그: **실학, 장애를 뛰어넘다** • 218

참고문헌 • 223

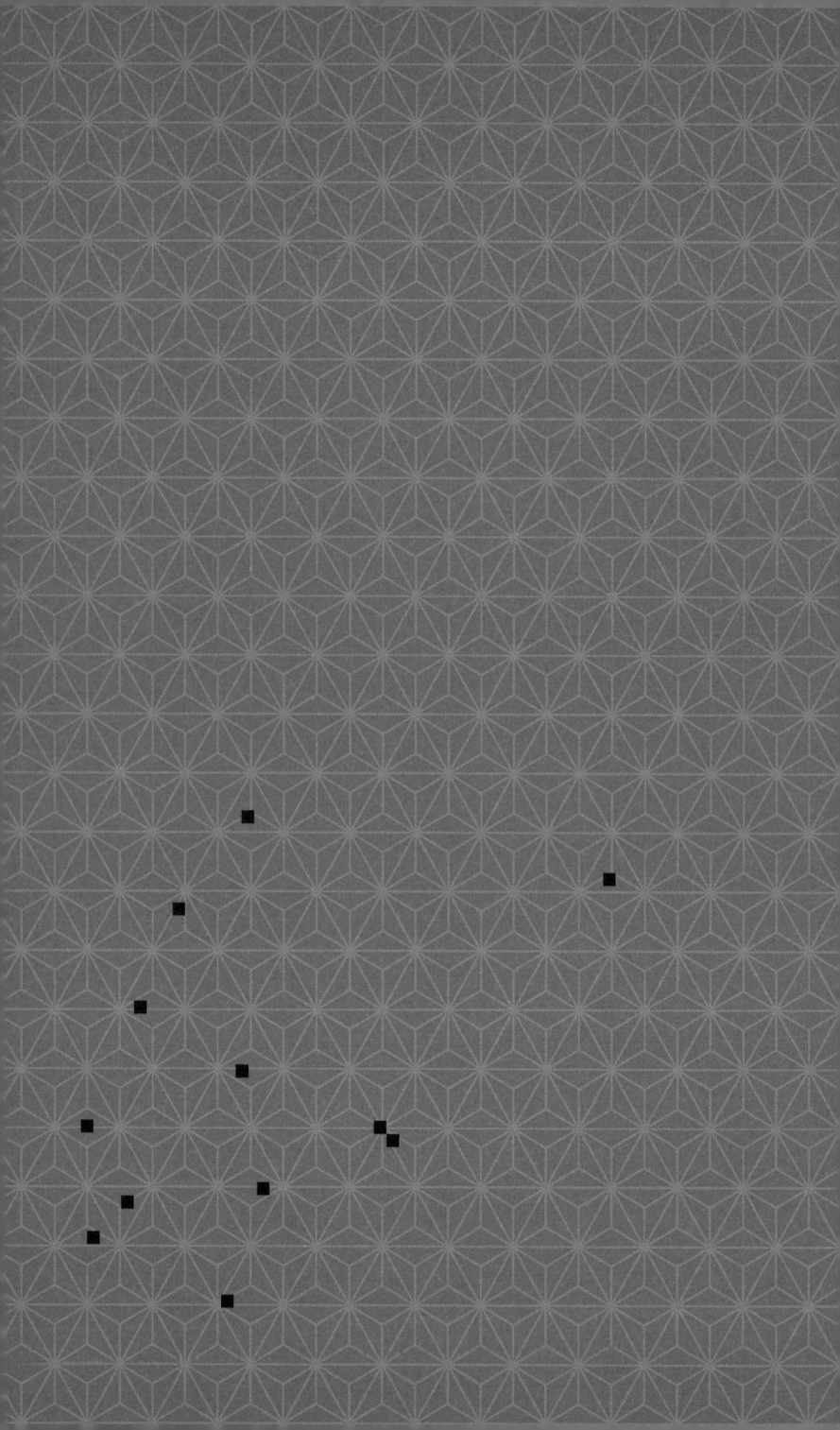

실학은 성리학의 예나 마음을 중시하는 차원을 넘어 아예 장애를 따질 필요가 없다고 보았다. 장애는 특별한 것이 아니라 다양한 몸의 한 특징이자 차이일 뿐이라고 생각한 것이다.

1

프롤로그:
실학자의 장애 인식에 주목해야 하는 이유

한국 장애(복지)사 개관

미래는 소수자 복지의 시대다. 특히 장애 복지가 매우 중요해지고 있다. 신체나 정신에 불편한 부분이 있는 장애인과 얼마나 잘 더불어 사느냐가 그 나라의 복지수준뿐 아니라 국격(國格)을 좌우하는 척도가 되어가고 있기 때문이다. 게다가 100세 시대의 도래로 누구나 한 번쯤 인생에서 한두 가지 장애를 겪게 되는 '고령 장애'의 시대로 나아가고 있다.

그럼에도 한국의 장애 인식은 매우 부정적이다. 단지 몸에 불편한 부분이 있을 뿐 나머지는 똑같은 사람임에도 '장애(disability)'라는 프레임에 갇힌 채 그들을 비장애인보다 못한 존재이자 남의 도움을 받아야만 하는 존재처럼 인식하고 있다. 더욱 심각한 문제는 장애인과 비장애인의 삶을 서로 분리해서 생각하는 이분법적 사고가 팽배해 있다는 것이다. 심지어 최근에는 장애에 대한 사회적 편견과 차별을 넘어 무턱대고 장애를 싫어하는 혐오의 시대라는 우려도 있다.

그에 비해 전근대 시기의 장애인은 비록 몸에 불편한 부분이 있어 사회적 약자층에 속한 것은 분명하지만, 장애에 대한 사회적 편견이나 차별은 그리 심하지 않았다. 과거의 장애는 조금 심한 병인 잔질, 독질, 폐질이라 했고, 언제든지 병이 치유되면 장애도 사라지는 일시적인 현상으로 여겼다. 현대의 신체적·정신적 결함을 나타내는 말인 '장애'처럼 특별하고 항구적인 것이 아니었다.

실제로 삼국시대 장애는 병, 특히 심하거나 고치기 힘든

병으로 인식했다. 현대처럼 장애를 특별하게 생각하여 별도로 대하는 것이 아니라, 단지 병의 일종으로 인식하고 평범하게 대한 것이다. 장애 복지도 별도로 실시한 것이 아니라 환과고독(홀아비·과부·고아·늙어서 자식 없는 사람)과 함께 실시하거나, 아예 그들 속에 포함해서 실시하기도 했다. 또 현대처럼 매년 정기적으로 복지혜택을 주는 것이 아니라, 국가적 재난이 닥칠 때 환과고독과 함께 우선적으로 지원했다. 다시 말해 삼국시대 장애 복지는 기본적으로 자립 생활의 원칙을 채택하고 있었던 것이다.

고려시대에 이르러 장애 복지는 비약적인 발전을 이루었다. 중국으로부터 잔질, 폐질, 독질 등 장애 명칭이 유입되고, 장애 복지도 국가적으로 제도화되고 훨씬 다양해졌다. 고려시대에는 국가적 위기 때만이 아니라 평상시에도 환과고독과 함께 장애인을 구제했다. 또 오늘날 장애인 활동지원사와 같은 시정 제도를 도입했으며, 무의탁 장애인의 경우는 동서대비원이란 복지시설에 들어가 국가로부터 무상으로 숙식을 제공받을 수 있었다. 특이하게도 고려시대 왕들은 환과고독과 함께 장애인을 궁궐에 초청하여 잔치를 베풀고 물자를 나눠주는 은사제도를 자주 실시했다. 나아가 맹승(盲僧)이나 맹인악사, 서운관 같은 장애인만의 전문 직업과 관직제도를 마련하여 사회적 활동을 지원했다. 그와 함께 고려시대에는 능력이 뛰어나면 장애 유무에 상관없이 높은 관직에 제수함으로써 장애인들도 활발한 사회활동을 펼치도록 했다.

이러한 고려시대의 전통을 이어받아 조선시대에는 그야말로 세계 장애사와 장애 복지의 표준을 만들었다. 조선시대 장애 복지는 고려시대에 비해 훨씬 다양하고 세분화되었으며, 무엇보다 국법인 『경국대전』에 명시될 정도로 공식화·제도화되었다. 예컨대 『경국대전』에 따르면 조선시대 장애인은 군역과 신역이 면제되고, 활동지원사인 시정이 제공되었으며, 이동권이 보장되었다. 또 가족 돌봄과 상벌제도를 시행했고, 이전처럼 국가적 위기 시에는 식량과 의약을 지원하는 장애인 구제법이 존재했다. 뿐만 아니라 장애인만을 위한 전문 직업과 관직제도인 명과맹, 관현맹인, 내시부 제도 등을 국법으로 규정하고 있었다. 그 밖에도 장애인이 범죄를 저지르면 『대명률』에 의거하여 처벌을 한 등급씩 낮춰주는 감형제도를 시행했다.

조선시대에는 일반적인 장애 정책도 매우 폭넓고 체계적으로 실시되었다. 가장 특기할 만한 점은 이미 조선 초기인 태종 때부터 시각 장애인 집회소이자 동업조합인 명통시를 정부 차원에서 설립하고 운영을 지원한 것인데, 이는 세계 최초의 장애인 복지기관으로 반드시 재조명되어야 할 중요한 역사적 사실이다. 또한 조선은 자립 생활 정책으로 장애인과 비장애인이 지역사회에서 함께 사는 통합사회를 만들어갔다. 이를 위해 정부는 교육에 있어서 장애/비장애의 통합학교와 통합교육을 지향했고, 고용에 있어서 장애인도 모두 직업을 갖고 제힘으로 먹고살도록 했을 뿐 아니라 장애의 유무보다 개인의 자질과 능력을 더욱 중시하는 공평한 사회를 만들도록 했다.

그 결과 조선시대 장애인은 사회 속에서 다양한 활동을 펼치며 그야말로 역사의 한 축을 이루었다. 물론 조선은 신분제 사회였기 때문에 장애인도 신분에 따라 사회적 처지와 역할이 상당히 달랐는데, 왕과 왕실 및 양반사대부 등 지배층은 주로 정치나 학문, 예술 분야에 종사했고, 평민이나 천민, 여항인 등 피지배층은 농업이나 전문 기술직에 종사했다. 기타 특별한 직업이 없는 장애인은 집안에서 가족 돌봄으로 살아가거나 길거리에서 구걸하며 사회적 천대를 당하기도 했다.

유학(성리학)의 장애관

실학은 17~19세기 조선 후기에 유행한 유학의 새로운 학문 경향으로, 기존 유학의 공리공론에서 벗어나 실제 현실에 쓰일 수 있는 참된 학문을 하고자 했다. 실학이 한국사만이 아니라 장애사에 끼친 영향도 대단히 컸다. 지금까지는 전혀 주목하지 못했지만, 실학자들은 수준 높은 장애관을 지니고 있었음은 물론 그것을 직접 실천에 옮김으로써, 장애/비장애를 초월한 진정한 의미의 통합사회를 만들어 나갔다.

우선 유학이나 성리학은 원래 보수적이라 장애에 대해서도 차별적이고 배타적이었을 것으로 짐작하지만, 사실 장애에 대해 매우 우호적이고 장애 복지에 대해서도 많은 신경을 썼다. 공자는 장애 인권운동가라 해도 과언이 아닐 정도로 장애인, 특히 시각 장애인에 대한 예를 강조했다. 예컨대 『논어』 자

한편에서 공자는 상복을 입은 사람이나 관복을 입은 사람, 시각 장애인을 만나면 상대가 아무리 나이가 어릴지라도 반드시 일어나 예를 갖추었는데, 그 앞을 지나갈 때는 경의를 표하고 재빠르게 걸어갔다고

공자의 초상

한다. 『논어』 향당편에서도 공자는 관복을 입은 사람이나 시각 장애인을 보면 아무리 친한 사이라 할지라도 반드시 예를 갖추었다고 한다. 나아가 『논어』 위령공편에서는 공자가 제자들에게 몸소 시범을 보이며 시각 장애인을 대하는 도리, 즉 예를 가르치고 있다.

> 장님 악사 면이 공자를 뵈러 와서 계단 앞에 이르자, 공자가 말했다.
> "거기는 계단입니다."
> 앉을 자리에 이르자, 공자가 다시 말했다.

"거기가 앉을 자리입니다."
모두가 자리에 앉자, 공자가 그에게 일러주었다.
"아무개는 여기 있고, 아무개는 저기 있습니다."
장님 악사 면이 나가자, 제자 자장이 물었다.
"눈먼 악사와 말하는 데에도 도리가 있습니까?"
공자가 말했다.
"그렇다. 악사는 보이지 않는 장님이니까 이렇게 하는 것이 그를 돕는 도리이다."[*]

공자는 장님 악사에게 계단과 자리 안내만이 아니라 좌중의 모습까지 설명해 주고 있다. 그러고는 제자들에게 이것이 바로 시각 장애인을 대하는 예라고 일러준다. 이처럼 공자가 말한 예란 상대의 입장에서 지극한 친절을 베푸는 것이었다고 할 수 있다. 공자는 또한 환과고독을 비롯한 장애인도 모두 직업을 갖고 자립 생활을 해야 한다고 주장했다.

> 옛날에 공자가 사제의 빈객으로 참석했는데, 일을 마치고 나와 성문의 누대 위에서 쉬다가 위연히 탄식하니, 공자의 탄식은 대개 노나라의 일을 탄식한 것이었다.
> 제자 자유가 곁에 있다가 말하기를
> "선생님께서는 무엇을 탄식하십니까?"

---

[*] 신창호, 『사서(대학·논어·맹자·중용)』, 나무발전소, 2018, 278~279면.

하니, 공자가 말하였다.

"옛날에 큰 도가 행해진 일과 하·은·주 삼대의 어질고 밝은 인물들이 도를 행한 일을 내가 보지는 못했지만, 그 행한 일에 대한 기록이 있다.

큰 도가 행해진 세상에서는 천하가 온 세상 사람들의 것으로 되어 있어, 어진 이와 능력이 있는 자를 가려서 세상의 지위를 전하고 신의와 친목을 두텁게 하였다.

그러므로 사람들은 홀로 자기의 어버이만을 어버이로 여기지 않았고, 홀로 자기의 자식만을 자식으로 여기지 않았다. 그리하여 노인으로 하여금 그 생을 편히 마치게 하였으며, 젊은이의 능력을 충분히 활용하였으며, 어린이는 잘 자라날 수 있게 하였으며, 홀아비와 과부와 자식 없는 늙은이와 병들어 몸이 못 쓰게 된 사람들 장애인을 가엾게 여겨 모두 그 살 길을 마련해 주었으며, 성년 남자에게는 직분을 주고 여자에게는 돌아가 의지할 남편을 갖게 하였다.

재물은 헛되이 낭비되는 것을 미워하였지만 반드시 사기를 위해 감춰두지 않았으며, 힘은 몸에서 나오지 않는 것을 미워하지만 자기 자신의 이로움만을 위해서 쓰지 않았다.

이런 까닭에 간사한 꾀가 막혀서 일어나지 않았고, 도둑들이 세상을 어지럽게 하는 일이 일어나지 않았다. 그래서 대 문을 열어둔 채 닫지 않았으니, 이것을 일러 대동(大同)의 세상이라고 하는 것이다."

공자가 노나라의 제사에 참여했다가 나와서 제자들에게 공동체 의식과 사람의 쓰임의 중요성에 대해 설명하고 있다. 큰 도가 행해진 하·은·주 삼대에는 세상에 쓰이지 않는 사람이 없었다는 것이다. 심지어 환과고독 및 폐질자(장애인)에게도 모두 살 길을 마련해 주었다고 한다. 이것이 바로 대문을 활짝 열어놓고 사는 대동의 세상, 즉 모두 함께 사는 세상이라는 것이다.

춘추전국시대의 또 다른 유학자 맹자도 왕도정치를 실현하기 위해서는 무엇보다 환과고독을 비롯한 사회적 약자층을 잘 돌보아야 한다고 했다. 그는 『맹자』 양혜왕 하편에서 주나라 문왕의 예를 들면서 왕도정치, 즉 백성을 근본으로 여기는 덕 있는 정치를 하기 위해서는 우선적으로 환과고독 네 부류의 사람들을 돌보아야 한다고 했다.

> "늙어서 아내가 없는 것을 '홀아비'라 하고, 늙어서 남편이 없는 것을 '과부'라 하며, 늙어서 자식이 없는 것을 '무의탁자'라 하고, 어려서 부모가 없는 것을 '고아'라 합니다. 이 네 가지는 세상에서 곤궁한 백성으로 하소연할 곳이 없습니다. 문왕은 정치를 행하고 사람을 사랑할 때 반드시 이 네 가지에 처해 있는 사람들을 우선으로 했습니다. 『시경』에서도 '부유한 사람들은 괜찮다. 이 곤궁한 사람들이 가엾도다.'라

---

* 지재희 역, 『예기』 중, 자유문고, 2000, 17~18면.

고 노래했습니다."*

　백성들에게 선정을 펼쳐 성인으로 불렸던 문왕은 정치를 할 때 환과고독 네 부류를 우선적으로 돌보았다는 것이다. 이렇게 유학에서는 정치의 기준점을 권력자가 아닌 사회적 약자층에 맞추고 있었다. 또한 맹자는 『맹자』 공손추 상편에서 어려움에 처한 사람을 보면 누구든지 측은지심을 갖고 그를 도와줘야 한다고 말했다. 맹자는 측은지심을 어린아이가 우물에 빠지려고 하는 장면을 보게 되면 누구나 깜짝 놀라 가슴 아픈 마음을 갖게 되는 것과 같다고 했다. 이런 측은지심이야말로 사람을 사랑하는 인(仁)의 실마리라고 했는데, 이는 장애인 등 사회적 약자에 대해서도 마찬가지로 적용되었다. 다시 말해 맹자의 측은지심은 바로 약자층을 돌보는 사회복지의 출발점이었던 것이다.

　조선은 성리학 국가로 이러한 공자의 인정(仁政), 즉 어진 정치와 맹자의 왕도정치를 기반으로 환과고독과 함께 잔질, 독질, 폐질 등 장애인의 구휼에 힘쓸 수밖에 없었다. 또한 성리학은 수기치인(修己治人)의 의식에 따라 외모보다 내면(마음, 덕)의 수양을 더욱 중시하도록 했고, 모든 사람을 예로써 대하도록 했다. 조선시대에 장애 복지가 발달하고, 사람들이 장애에 상

---

* 　신창호, 위의 책, 166~167면.

관없이 개인의 능력을 중시하며 더불어 살아갔던 것도 이 때문이었다.

실학자의 장애 인식

조선 후기 실학은 기본적으로 성리학의 장애관과 장애 복지를 따르면서도 그보다 한 단계 더 나아갔다. 실학은 성리학의 예나 마음을 중시하는 차원을 넘어 아예 장애를 따질 필요가 없다고 보았다. 장애는 특별한 것이 아니라 다양한 몸의 한 특징이자 차이일 뿐이라고 생각한 것이다.

실학자들은 기존 성리학자들과 달리 신분과 나이뿐 아니라 장애마저도 초월한 인간관계를 맺었다. 그들은 각계각층의 다양한 장애인과 적극적으로 교유했다. 그렇다고 해서 그들을 불쌍히 여기며 동정하는 것이 아니라, 그들이 가진 재주와 능력을 중시하며 거의 동등한 관계를 맺었다. 물론 당시 장애인들도 몸의 장애에 별로 개의치 않고 당당한 태도로 거침없이 살아가며 사회 속에서 많은 업적을 이루었다.

실학자들은 장애 복지에 있어서도 기존 성리학자처럼 단순히 구휼하는 차원을 넘어서 비장애인과 똑같이 배우고 일하며 주체적으로 살아가는 자립 생활을 강조했다. 특히 장애가 가진 신체적 한계에도 불구하고 사회적 역할과 능력을 강조함으로써, 장애를 현실적이고 실용적인 관점으로 바라보게 하는 하나의 전기를 마련했다.

이처럼 실학은 시대를 앞서가는 선진적인 장애 인식을 토대로 장애/비장애를 뛰어넘는 대동 사회, 즉 통합사회를 만드는 데 크게 기여했다. 우리가 조선 후기 실학자의 장애 인식에 대해 새롭게 주목해야 하는 이유도 바로 여기에 있다.

박세당은 청각 장애를 가진 이덕수를 제자로 받아들여 뛰어난 인물로 키웠으며, 유수원은 그 자신도 청각 장애를 가진 실학자였을 뿐 아니라 이덕수와 함께 조정에서 근무한 적도 있었다.

2 초기 실학자의 장애교육과 정치활동

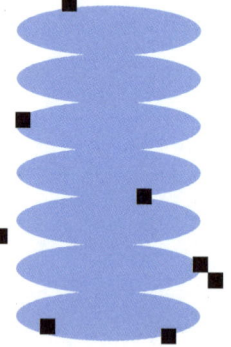

실학의 선구자 박세당

실학은 임진왜란과 병자호란 이후 전쟁 복구를 위한 개혁 전개, 상품 경제 발전, 서양문물 전래에 의해 탄생한 것으로 알려져 있다.[*] 실학의 선구자로는 한백겸, 박세당, 유수원 등의 인물을 들 수 있다. 이들 초기 실학자 가운데 장애와 관련하여 주목할 만한 인물로는 박세당과 유수원을 꼽는다. 박세당은 청각장애를 가진 이덕수를 제자로 받아들여 뛰어난 인물로 키웠으며, 유수원은 그 자신도 청각 장애를 가진 실학자였을 뿐 아니라 이덕수와 함께 조정에서 근무한 적도 있었다.

박세당(1629~1703)은 이조참판 박정과 양주윤씨 사이의 넷째아들로 태어났으나, 4살 때 아버지를 여의고 편모슬하에서 자라났다. 32세인 1660년 소과, 대과에 연달아 급제하여 성균관 전적이 되었다. 이후 예조 좌랑, 홍문관 교리, 사간원 정언, 사헌부 지평 등 청요직을 역임하며 신진관료로서 활발한 활동을 펼쳤다. 하지만 당시 정치 현실에 염증을 느낀 나머지 40세에 관직생활을 마감하고 수락산 기슭인 양주 석천동으로 물

실학적인 농사방법을 제시한 책 『색경』, 실학박물관 소장

---

[*] 『실학박물관』, 실학박물관, 2010, 72면.

러나 직접 농사를 지으며 학문 연구와 제자 양성에 힘썼다. 당시 정계는 당쟁이 격화되어 상대 당파에 대한 보복까지 자행하고 있었다. 이러한 정치적 혼란 속에서 박제당은 두 아들 박태유·박태보를 잃는 비운을 겪었고, 자신도 소론의 영수인 송시열에 대한 비난과 주자의 사서주해를 비판했다는 이유로 노론에 의해 사문난적으로 몰리게 되었기 때문이다.*

1689년 박세당은 농사에 필요한 기술을 모은 서적 『색경(穡經)』을 저술했다. 이 책은 당시 민간에서 실제로 행해지던 농사법과 자신의 농사 경험을 토대로 했다. 또한 박세당은 조태억, 이탄, 이인엽 등 여러 후학을 양성했는데, 특히 청각 장애가 있는 이덕수를 제자로 받아들여 학문을 가르쳤다.

청각 장애 문장가 이덕수

이덕수(1673~1744)는 지금까지는 많이 알려지지 않았지만, 18세기 전반 영조대의 대표적인 소론계 문장가이자 관료였다. 그는 8살 때 귓병을 앓은 뒤 청각 장애를 갖게 되었다. 하지만 그는 장애에 개의치 않고 독서에 힘써 수많은 책들을 읽었는데, 그가 18살 때까지 읽은 책이 무려 3천 권이나 되었고 이후 40년 동안 읽은 책은 7~8천 권에 이르렀다고 한다.

---

* 한국철학사연구회, 『한국실학사상사』, 다운샘, 2000, 69~80면.

또한 그는 20세를 전후해서 박세당의 문하에 들어가 공부했다. 그가 지은 「서계 박 선생 묘지명」에서도 20세 때 박세당의 문하에서 가르침을 받았다고 분명히 밝히고 있다. 여기에서 그는 "맹자께서 말씀하시길 '부귀하고도 음란하지 아니하고 빈천하여도 그 마음이 동요되지 아니하며 위무에도 굴하지 않는 사람이 진정한 대장부'라고 하였다. 이 말에 들어맞을 만한 어른은 오직 서계 박 선생뿐일 것이다"라고 하면서 스승 박세당을 맹자가 말하는 진정한 대장부라고 말하였다.

이덕수 유복본 초상, 실학박물관 소장

특히 박세당은 당시 이단으로 배척받던 노자, 장자까지도 연구하며 그만의 독자적인 학문세계를 구축했는데, 이덕수

---

*　이덕수 저, 이강노 역주, 『국역 서당선생집』5, 전의이씨청강공파화수회, 2005, 409면.

도 그의 영향을 받아 유가는 물론 불가와 도가, 심학, 주역 등 다양한 학문에 관심을 갖고 공부했다. 이러한 이덕수의 엄청난 독서량과 학문 세계는 아래의 『영조실록』 영조 12년(1736) 11월 25일조에 잘 나타나 있다.

> 이덕수가 말하기를,
> "신이 연소했을 때에는 신선술을 매우 좋아하여 《참동계》와 같은 책들을 탐독하면서 여러 해 동안 골똘히 생각해 보았습니다. 중년에는 우연히 불가의 책을 보았는데, 인하여 심학을 사랑하게 되었고 때때로 영롱하게 통하는 곳이 있기도 했습니다. 만년에는 사서와 이경으로 되돌아와서 이미 여러 번 독서했습니다만, 《역경》에 이르러서는 노년에 이르러서야 공부를 시작했습니다. 그러나 끝내 사물을 관찰함에 있어 뭔가가 가로막고 있는 것 같습니다."
> 하니, 임금이 웃으면서 이르기를,
> "범람한 것이 그처럼 극도에 달했었으니, 천하의 서책 가운데 응당 열람하지 않은 것이 없을 것이다."
> 하였다. 대답하기를,
> "세상에 나온 책들이 매우 번다한데 신이 어떻게 다 열람할 수 있겠습니까? 신의 나이 18세 때 우연히 읽은 책을 계산하여 보니 3천 권이 되었습니다. 이제 나이 60이 넘었습니다만, 예전부터 좋아하던 것을 버리지 못하여 매양 좋은 책을 보기만 하면 반드시 등불을 돋우고 읽습니다. 그 뒤 40년 동안 열

람한 것을 계산하여 보면 7, 8천 권에 불과할 뿐입니다."
하니, 임금이 가상히 여겨 감탄하여 마지않았다.
사신은 말한다. "이덕수는 젊어서부터 고문에 힘을 기울였는데, 늙어갈수록 더욱 줄어들지 않았다. 인품이 창울하고 혼후하며 기력이 있었는데, 꾸미는 습성을 제거하였기 때문에 때로는 질박한 데 가깝기도 했다. 일찍이 귓병을 앓아 귀가 먹어서 총명이 내심에 전일(專一)될 수 있었다. 그런 때문에 널리 관통하여 제가의 책을 마구 읽었으므로, 육예(六藝)로부터 백가(百家)의 서책은 물론 복서(卜筮)·상술(相術)·수학(數學)의 종류에 이르기까지 통달하여 깨우치지 않은 것이 없었는데, 더욱 노불(老佛)에 조예가 깊었다. 비록 나아가기도 하고 물러가기도 하면서 왔다 갔다 하는 데에 대해 사람들이 떠나가지 않는 것을 병통으로 여기기도 하였다. 그러나 이익에 담박하여 상대와 다투는 일이 없었고, 문을 닫고 들어앉아 저술할 때에는 고인의 풍도가 있었고, 눈썹과 수염에 고색이 저절로 나타났으며, 말은 질박하기 그지없었으므로, 임금이 흔연히 예우하였다."

이덕수의 학문은 유불도(儒佛道)뿐만 아니라 심학, 주역에까지 미치고 있었으며, 평생 동안 수많은 책들을 읽었는데 귀가 들리지 않아 오히려 마음이 전일(專一), 즉 독서에 전념할 수 있었다는 것이다. 이는 당시 사람들의 긍정적 장애 의식을 은연중에 잘 드러낸다.

이러한 독서와 학문을 바탕으로 이덕수는 뛰어난 문장력을 갖추게 되었다. 『영조실록』 영조 20년(1744) 5월 28일조 이덕수의 졸기에 의하면, "이덕수는 문장이 넓고 단아하여 일대의 종장으로 일컬었으며, 이조판서, 예조판서를 역임하고 문형(대제학)을 맡았다"라고 기록하고 있다. 이규상의 『병세제언록』에서도 '이덕수의 문장은 기력이 있다'고 말하고 있다.* 그래서인지 당시 이덕수의 집에는 묘도문(墓道文: 돌아가신 조상의 성명, 세계, 행적, 장례, 자손 등을 기록한 글)을 부탁하는 사람들로 문전성시를 이루었다고 한다. 실제로 이덕수의 문집에 남아 있는 묘도문만 해도 신도비명, 묘지명, 묘갈명, 묘표, 행장, 행록 등 모두 176편에 이른다.**

150여 명의 교유인물

이덕수는 청각 장애를 갖고 있었음에도 불구하고 교유(交遊) 관계가 대단히 넓었다. 그의 문집에 등장하는 교유인물만 해도 무려 150여 명에 달하였다.*** 이덕수는 장애/비장애를 가

---

*   이규상 지음, 민족문학사연구소 한문학분과 옮김, 『18세기 조선 인물지-병세제언록-』, 창작과 비평사, 53~54면.

** 강성숙, 「기억을 통해 드러나는 18세기 사대부의 여성상」, 『겨레어문학』38, 겨레어문학회, 2007, 82면.

*** 이승수, 「서당 이덕수의 사우관계」, 『한국고전연구』8, 한국고전연구학회, 2002, 41면. ; 이황진, 「서당 이덕수의 교유 관계 고찰」, 『동양고전연구』86, 동양고전학회, 2022, 166면.

리지 않고 평생 수많은 사람들과 자유롭게 교유했다. 죽마고우, 곧 어린 시절의 친구들과 죽을 때까지 친분을 유지했고, 세교(世交), 즉 아버지의 벗들과 나이를 초월한 교유 관계를 맺었다.

특히 이덕수는 그들 가운데 비슷한 처지의 장애 인물과도 많이 교유했다. 예컨대 아버지 때부터 친분이 두터웠던 김창흡은 이덕수처럼 평생 귓병으로 고생했다.* 임영은 이덕수 집안과 잘 아는 사이였고 이덕수가 그의 아버지와 누이의 묘지명까지 써주었는데, 그도 역시 중년에 시각 장애와 정신 장애를 앓던 중복 장애인이었다. 다음은 『숙종실록』 22년(1696) 2월 6일조 임영의 졸기 중 일부인데, 그러한 임영의 장애와 죽음이 잘 나타나 있다.

> 임영은 청요의 벼슬을 두루 지냈으나, 영리에 급급하지 않아서 많이 피하여 물러났고 조금 벼슬에 나아갔다. 숙종 20년(1694)에 참판에 오르고 대제학에 천거되어 촉망이 자못 중하였는데, 문득 독질(篤疾)에 걸려 심지어 눈이 어두워서 보지 못하였고 정신이 없어서 말하지 못하였으며, 글 한 줄도 써 내지 못하였다. 정말로 멍청하고 어두운 사람이 되었으므로, 임금이 의약의 편리를 위해 송도를 나누어 맡겼으나, 또한 사무를 보살피지 못하고 병든 몸을 싣고 서울에 들어와서 졸하였다. 그때 나이는 겨우 48세라 세상 사람들이

---

* 이승수, 위의 논문, 37면.

모두 아까워하였다.

임영의 사후 이덕수는 그를 위해 신도비를 지었는데, 임영의 학문에 대한 열정을 자세히 서술한 뒤 "퇴계 이황 이후에 그와 견줄 사람이 없을 정도였다"라고 극찬하거나, "내가 선생이 살아계실 시기에 출생했으면서도 남과 북으로 서로 갈리어 직접 찾아뵙고 배우지 못한 것이 못내 한스러운 일로 생각한다"라고 아쉬움을 토로했다.[*]

거유 조성기

임영과 평생의 친구이자 이덕수가 존경했던 조성기도 꼽추, 즉 척추 장애인이었다. 조성기는 한양의 명문가 출신으로 20살에 과거를 보아 사마시 초시에 합격했으나 말을 타다 떨어져 허리를 다친 뒤로 장애인이 되었다. 또 만년에는 중풍까지 앓아 집밖에 나갈 수가 없었다. 그럼에도 좌절하지 않고 학문에 몰두하여 당시 사람들에게 거유(巨儒: 학식이 많은 선비)로 지목을 받았다. 다만 성격이 편협하고 모가 나서 함께 놀아줄 사람이 없어 세상과 단절하고 살았다. 다행히 40세 이후에는 임영이 찾아와서 학문을 논하거나 시와 편지를 주고받으며 조성

---

[*] 이덕수 저, 이강노 역주, 위의 책, 239면.

기를 세상과 연결시켜 주었다. 또 김창협·김창흡 형제도 평생의 친구이자 아우, 제자로서 죽을 때까지 함께 해주었다.* 이러한 조성기의 학문과 교유 관계는 『숙종실록』 숙종 9년(1683) 6월 14일조에 실린 '도하의 처사 조성기의 졸기'에 잘 나타나 있다.

> 이때 서울에 처사 조성기가 있었으니, 곧 조형기의 형이다. 젊어서부터 병으로 바깥출입을 하지 못하고 문을 닫고서 경사를 연구하였는데, 박식하여 두루 관통하지 않음이 없었다. 그 학문은 오로지 사색하고 탐구하는 데 힘을 기울였으니, 스스로 얻은 묘리가 많았으나 고인의 말을 답습하기를 즐겨하지 아니하였으므로 당시 사람들이 기특하게 여기지 아니하였다. 오직 김창협·김창흡 형제와 임영이 거유로 지목하여 즐겨 함께 지냈고 매번 편지를 주고받으면서 상하로 논의하였는데, 혹은 의리와 문장을 논하기도 하고, 혹은 왕자와 패자의 사업과 공을 논하기도 하였다. 그 학설은 종횡굉사(縱橫閎肆)하고 무궁무진하여 종이를 잇대어 몇 폭이 될 정도였으며, 쏟아져 나오는 수천 마디 말은 모두 조리가 있어 더불어 변론하는 자가 무릎을 꿇고 자리를 피하지 않음이 없었다. 김창협은 그 재변과 식견을 칭찬하고 감

---

* 최형석, 「졸수재 조성기의 산문 연구」, 영남대학원 한문학과 박사학위논문, 2013.

탄하여 비록 도에는 순수하지 못하였으나, 또한 근세의 인호라 하였고, 김창흡은 추모하는 만사를 지어 심지어 소옹의 학문에 비기기도 하였으며, 또 그 묘지에서는 우리나라의 뛰어난 기품이라 칭하였다. 또 말하기를 '황왕제패(皇王帝霸: 황제의 시대, 왕의 시대, 제의 시대, 패왕의 시대)와 일월성신이 그 뱃속에 가득 찼으니, 속에 꼬불꼬불 서려져 펼쳐놓을 곳이 없어 위로 높은 하늘에 서리었다.'고 하였으며, 또 일찍이 그 제자들에게 말하기를 '아깝다. 그대들이 미처 졸수재(조성기의 호)를 보지 못하였으니 한 번 보았더라면 진실로 통쾌한 일이었을 것이다.'라고 하였다. 문집이 세간에 간행되어 있다.

이 글은 조성기의 중증 장애와 학문의 뛰어남, 교유 관계 등을 잘 보여주고 있다. 이덕수도 그를 직접 만난 적은 없지만 그의 학문을 높이 평가했고,* 영조 6년(1730) 5월 28일에는 왕에게 직접 조성기의 포상을 요청하여 특별히 벼슬을 내리게 해주기도 하였다. 학문이 뛰어났지만 제대로 평가받지 못한 중증 장애 학자에게 사후에나마 벼슬을 추증토록 해준 것이다.

---

* 이덕수 저, 이강노 역주, 위의 책, 243면.

영조의 총애

이덕수는 24세인 숙종 22년(1696) 진사시에 합격한 뒤, 비교적 늦은 나이인 39세에야 직부전시(전시에 나갈 수 있는 자격을 얻는 시험)에서 수석하고, 41세에 증광문과에서 과거시험에 급제했다. 그리고 44세에 도당록(홍문관 관리를 임명하기 위한 기록)에 뽑혀 48세인 경종 즉위년(1720)에 사헌부 지평, 홍문관 부수찬에 임명되어 본격적인 관직생활을 시작했다. 비록 늦은 나이에 관직에 나갔지만, 그 이후로는 빠르게 승진하여 높은 벼슬에 올랐다. 특히 그는 영조가 즉위한 이후, 그의 나이 51세가 되던 해 영조의 총애를 입어 57세에 경종실록 당상과 성균관 대사성, 58세 홍문관 부제학과 동지부사, 59세 홍문관 제학, 예문관 제학과 대제학, 동지부사, 이조참판, 60세 사헌부 대사헌, 66세 좌참찬, 68세 우참찬, 지경연사 등 24년 동안 수많은 관식을 역임했다. 당시 이덕수는 귀가 들리지 않는 청각 장애인이었다. 그럼에도 영조는 그의 장애는 개의치 않고

조선영조왕 이금상, 국립고궁박물관 소장

오직 능력만을 중시하며 항상 총애했다. 영조 10년(1734) 7월 21일, 이덕수가 아래와 같이 귀가 들리지 않는 병세 때문에 사직을 요청했다.

> 도승지 이덕수가 상소하여 귀가 들리지 않는 증세 때문에 사직했으나 허락하지 않았으므로 마침내 직무에 나아갔다. 이덕수는 귀머거리가 되어 연석에 오를 때마다 번번이 옆의 사람으로 하여금 높은 소리로 크게 부르짖어 대신 임금의 지시를 전해주게 하니, 사람들이 대부분 눈웃음을 하였다.

이덕수가 청각 장애를 갖고 있어 임금이 말할 때마다 옆의 사람이 큰소리로 부르짖어 대신 전해주니, 다른 신하들이 눈웃음을 웃곤 했다. 이에 이덕수가 미안하여 사직을 요청했지만, 임금이 상관없다며 사직을 허락하지 않고 계속 근무하도록 했다는 것이다. 영조는 이덕수를 총애하여 경연할 때마다 이덕수를 입시토록 하여 어려운 것이 있으면 그에게 묻곤 했다. 특히 영조는 이덕수에게 질문할 것이 있으면 사관에게 글로 써서 보여주게 하는 등 후의가 아주 두터웠다. 다음은 『영조실록』 영조 16년(1740) 11월 21일조의 기사이다.

> 임금이 소대를 행하였다. 우참찬 이덕수도 입시할 것을 명했는데, 이덕수는 늙어서도 책을 좋아하여 다방면으로 박식했으므로 임금이 매우 귀하게 여겼다. 『주자어류』의 글을

진강했는데, 어려운 것을 묻는 것이 있으면 이덕수가 대답하는 것이 매우 상세하였다. (……) 이덕수는 본디 귀머거리 병이 있어 여러 신하들이 강독하는 소리를 들을 수 없었다. 그래서 책만 어루만지며 부앙하고 좌우를 보면서 대답하지 못하였다. 그의 형모가 시세에 맞지 않았으나 말은 질박하였다. 임금이 물을 것이 있으면 번번이 사관에게 글을 써서 보이게 하는 등 후의가 자못 두터웠으나, 이덕수가 성현의 뜻으로 임금의 마음을 인도하지 못한 채 불가와 도가를 이야기하는 곳에 이르러서는 싫어하지 않고 친절히 설명했으므로 식자들이 이를 단점으로 여겼다.

청각 장애인 이덕수가 조정에서 근무하는 모습이 잘 나타나 있다. 비록 강독하는 소리는 듣지 못하지만 필담으로 얼마든지 임금께 학문을 가르칠 수 있었다는 것이다. 이덕수는 스승 박세당처럼 불가와 도가의 학설도 임금에게 서슴없이 말하여 유자들이 싫어했다는 것이다. 이덕수는 본래 소론이었지만 당파에 매몰되지 않는 중간자적 입장을 취했다. 그가 영조의 총애를 받은 것도 한편으론 이 때문이었다. 이렇게 소론이지만 중간자적 입장을 취하고 있었기 때문에 이덕수는 척추 장애인으로 30년 동안 재상을 지낸 김재로와도 가깝게 지냈다.

30년 재상 김재로

김재로 초상, 한국민족문화대백과사전

김재로(1682~1759)는 영조 때 노론의 영수이자 탕평 정국의 핵심적인 역할을 담당한 인물이었다. 그 역시 실록에서 장애를 갖고 있다는 언급은 없다. 척추 장애인으로 조정에서 근무하는데 크게 불편한 점이 없었기 때문에 사관들이 굳이 기록하지 않았던 것으로 보인다. 하지만 이규상의 『병세제언록』에 의하면, "정승 김재로는 자가 중례요 호는 청사이다. 정신이 또렷한 얼굴에다 키는 크고 파리했는데 곱사등이(傴僂)였다. 청나라 사신이 관상을 보고는 금귀몰니형(금거북이 진흙에 빠진 형)이라 하였다"라고 척추 장애인이었다고 기록하고 있다. 실제로 그의 초상화를 보면 어깨너머로 등이 조금 솟아올라와 있다. 김재로가 영조의 탕평책을 뒷받침하는 핵심 인물이 될 수 있었던 것은 노론에 속하지만 격렬한 대립을 반대하는 완론에 속하였을 뿐 아니라, 영조의 기분을 잘 헤아려 적절히 대처하는 기민함을 갖고 있었기 때문이다.

영조가 일찍이 어떤 일로 진노한 적이 있었는데, 김재로가

---

* 이규상 지음, 민족문학사연구소 한문학분과 옮김, 위의 책, 90면.

간쟁하고자 하여 뵙기를 청하였다. 임금이 들라 명하니, 그는 짐짓 정전의 문을 어루만지면서 서성거렸다. 임금이 까닭을 묻자 그는 몸이 쇠약해진 때문이라고 대답했다. 임금이 비로소 목소리를 부드럽게 하고 그 병에 대해 물었다. 김재로는 이런저런 이야기를 하며 임금의 안색이 편안해지기를 기다린 후에 조용히 간쟁하니 바로 윤허를 내렸다. 그의 기민함이 대개 이와 같았다.*

영조가 무슨 일로 진노하여 있자, 김재로가 몸이 아픈 척하여 그 마음을 누그러뜨리고 있다. 또 한참 동안 얘기를 나누어 임금의 안색이 편안해지기를 기다렸다가 간절하게 말하여 재가를 받아내고 있다. 이런 기민함을 갖추고 있으니 영조가 그를 총애하지 않을 수 없었던 것이다.

실제로 김재로는 임금이 총애하여 특별히 높은 벼슬에 발탁된 경우가 많았다. 또한 영조는 김재로가 수없이 사직을 요청해도 계속 윤허하지 않으며 조정에서 함께 일하기를 바라곤 했다. 그만큼 김재로에 대한 영조의 총애가 컸던 것이다. 예컨대 영조 13년(1737) 10월 28일 좌의정 김재로가 이미 66차례나 사직서를 제출해도 임금이 허락하지 않았고, 그해 12월 6일 김재로의 사직서가 100번을 채웠어도 거듭 마음 놓고 조섭하라고만

---

* 이규상 지음, 민족문학사연구소 한문학분과 옮김, 위의 책, 90면.

대답할 뿐 사직을 허락하지 않았다. 이러한 영조의 총애를 바탕으로, 김재로는 영조 16년(1740) 영의정에 오른 뒤로 1758년 관직을 떠나기까지 무려 4차례에 걸쳐 10여 년간 영의정을 지냈다.* 이듬해인 영조 35년(1759) 10월 5일 김재로가 죽자, 영조는 상복을 갈아입고 직접 그의 집에 문상을 가고자 했다.

> 봉조하 김재로가 졸하였다. 임금이 듣고 매우 놀라고 슬퍼하며 성성각에서 승지를 불러 하교하기를,
> "봉조하 김재로는 지난날의 구신인데, 30년 동안 원보(영의정)로 있다가 이미 고인이 되었으니 슬프고 애석함을 어디에 비유하겠는가? 4일 동안 상복을 입은 뒤에 재상을 거느리고 친히 그 집에 문상을 갈 것이니 이로써 분부하라. 녹봉은 3년 동안 그대로 지급하도록 하며, 대신의 부인은 입장이 다른 사람보다 다르니, 기력이 다하여 지쳤음을 알 수 있다. 원기를 붙드는 약제를 약원으로 하여금 수송하도록 하라."
> 하였다.**

김재로의 죽음에 영조가 얼마나 깊이 애도했는지 잘 나타나 있다. 물론 신하들의 만류로 영조는 직접 조문을 가지는 못했다. 대신 친히 제문을 지어 승지를 보내 제사하도록 했고, 특

---

* 박광용, 『영조시대를 만든 사람들』, 한국학중앙연구원 출판부, 2013, 64면.
** 『영조실록』 영조 35년 10월 15일조.

별히 '충정'이란 시호를 내리기도 했다. 김재로는 나중에 영조의 묘정에 배향되기도 했다. 위에서 30년 동안 원보(영의정)를 지냈다는 언급은 좌의정까지 포함해서 이른 말인 듯하다.

김재로는 정치적 역할뿐만 아니라 학문적으로도 적잖은 업적을 이루었다. 특히 금석(金石)에 관심이 많아 전국에 있는 금석의 탁본을 수집하여 거질의 『금석록』을 엮었다. 34개 항목에 2,265점의 탁본이 수록되어 있는데, 이는 19세기 금석학이 하나의 학문으로 정착하는 데 큰 영향을 끼쳤다.*

이덕수는 그러한 김재로와 함께 숙종 42년(1716) 홍문관 관리로 임명되기 위한 도당록에 뽑힌 적이 있었으며, 김재로가 부모를 봉양하러 관북 안변부로 갈 때는 〈송김중례서〉라는 글을 지어 보내기도 했다. 이 글에서 그는 "나의 벗 김중례(김재로)는 타고난 성품이 담담하고 단아하여 조정에 나온 지 10년쯤 되었으나 어긋나거나 과격한 발언을 한 적이 없었다"라고 말하고 있는데, 이로 보아 두 사람은 아주 친밀한 사이였고, 꽤 오랫동안 교우관계를 유지했던 것으로 보인다.**

이와 같이 초기 실학자 박세당은 청각 장애인 이덕수를 제자로 받아들여 훌륭한 문장가이자 관료로 키웠다. 또한 이덕수는 교유 관계가 넓은 것으로도 유명했다. 그는 당대 최고의 학자

---

*　구자훈·한만섭, 「김재로 금석록의 구성과 그 특징」, 『한국실학연구』 21, 한국실학학회, 2011.
**　이황진, 위의 논문, 187면.

인 김창흡과 김창협 형제, 임영, 조성기 등과 학문적으로 교유했다. 나아가 그는 한쪽으로 치우치지 않는 중간자적 입장으로 세상을 살았는데, 그 결과 영조에게 후한 대접을 받았고, 노론 출신의 정승이자 척추 장애인 김재로와 절친한 관계를 유지했다. 박세당이 장애에 구애받지 않고 이덕수를 제자로 받아들인 결과가 이토록 폭넓은 문장가를 세상에 나올 수 있게 했던 것이다.

청각 장애인 개혁가 유수원

유수원(1694~1755)은 『우서』의 저자로, 이미 18세기 전반에 양반 신분제 폐지를 주장한 사회개혁론자이자 상업의 진흥이 국부민안(國富民安), 즉 나라를 부강하고 백성을 편안하게 한다고 주장한 실학의 선구자였다. 원래 유수원은 유봉정과 경주 김씨 사이의 맏아들로 충청도 충주에서 태어났다. 충주는 그의 외가가 있던 곳으로 추정하고 있다. 그의 집안은 전형적인 소론, 그중에서도 강경파인 준소에 속했다. 할아버지는 유상재, 큰할아버지는 영의정까지 지낸 유상운이었으며, 당숙인 유봉휘는 좌의정을 지냈다.*

유봉휘(1659~1727)는 소론 4대신의 한 사람으로 강경파였으며, 노년인 64세 무렵 다릿병으로 걷지 못해 남의 부축을 받

---

* 조윤선, 「농암 유수원의 생애와 사법제도」, 『한국인물사연구』10, 2008, 292면. ; 정만조 외, 『농암 유수원 연구』, 사람의 무늬, 2014, 26면.

고 움직이는 지체 장애인이 되었다. 그럼에도 영조는 즉위 후 그를 우의정과 좌의정에 연이어 제수했다. 유봉휘가 지체 장애로 계단을 오르내리지 못하자, 영조는 내시에게 명하여 그를 부축해서 들어오게 했다.* 하지만 이후 그는 반역죄에 몰려 처형되고 만다.

유수원은 명문가 출신인데다 타고난 재능을 바탕으로 21세인 숙종 40년(1714) 진사시에 합격하고, 25세에 문과 정시에 합격했으며, 29세인 경종 2년(1712) 사간원 정언으로 관직생활을 시작했다. 그러나 이듬해 2월 정언이 된 지 두 달 만에 상소를 올려 당시 정국을 이끌던 영의정 조태구를 맹렬히 비난했다. 조태구가 뜬소문에 흔들려 국사를 바로잡는 데 준엄하지 못했고, 사사로운 이해에 따라 벼슬을 주는 비리를 저질렀다는 것이다.** 이에 대해 실록을 기록하는 사관은 유수원이 유봉휘의 사주를 받고 원로를 모함하여 쫓아내려 한다고 크게 비판했다. 결국 유수원은 예안 현감으로 전보되었다가 부임하기도 전에 파직되었다. 정만조 선생에 의하면 바로 이 시기부터 유수원은 귓병을 앓기 시작했고, 나중에는 위의 이덕수보다 더 심한 청각 장애를 갖게 되었다고 한다.*** 유수원은 비록 벼슬에서 물러나고 청각 장애까지 입게 되었지만, 소론 내에서의 그의

---

*　　『영조실록』 영조 즉위년 9월 30일조.
**　　정만조 외, 위의 책, 36면.
***　　정만조 외, 같은 책, 38, 145면.

비중은 매우 컸다. 아래는 당시 정치의 실세인 노론 심노숭의 『자저실기』에 실린 이야기인데, 유수원의 정치적 입장을 잘 보여준다.

> 소론들이 말하는 농객은 바로 을해년(1755)의 역신 유수원을 말한다. 본래 처지가 한미하고 문장도 잘하지 못했으나 국량과 지식만은 남보다 월등히 뛰어났다. 영조 갑진년(1724) 이후로 소론에게 일이 있을 때면 반드시 그를 찾아가 결정했다. 그는 귀머거리라 남들과 말을 주고받지 못했으나 누워서 허공에 글씨를 쓰면 알아듣지 못하는 것이 없었다. 혹은 입을 벌려 웃기도 하고, 혹은 이마를 찌푸리며 걱정하기도 했으나 남들은 그 이유를 알지 못하였다.*

유수원의 국량과 지식이 매우 뛰어나 소론들이 매번 그를 찾아가 일을 결정했다는 것이다. 특히 그는 청각 장애가 있어 필담과 수어로 소통했다고 한다.

사회개혁서 『우서』

유수원이 『우서』를 저술한 시기는 영조 5년에서 13년 사이, 즉 그의 나이 30대 후반에서 40대 전반 시기로 알려져 있

---

* 심노숭 지음, 안대회 · 김보성 옮김, 『자저실기』, 휴머니스트, 2014, 485면.

다.˙ 당시 그는 귓병을 앓아 벼슬을 버리고 집안의 세거지인 양천군 장군소면(지금의 서울시 양천구 신정동, 목동 일대)에 은거하여 노모를 봉양하고 있었다. 『우서』의 첫머리에 있는 「기논선본지」에 의하면, 그는

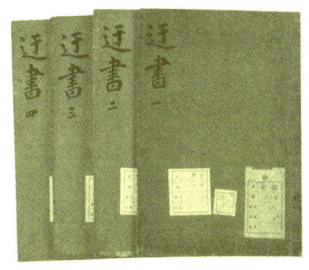

유수원, 『우서』, 한국학중앙연구원

정치적 불우에 대한 울분 속에서 발분하여 이 책을 저술했다고 한다. 자신이 생각하는 조선의 정치와 사회 변혁론을 글로써 표현했던 것이다.

『우서』가 나오자 곧바로 널리 유포되었고, 불과 1~2년 만에 영조도 친히 읽었던 것으로 보인다. 영조 13년(1737) 10월 24일 임금이 인재를 천거하게 하는데, 이때 비국 당상 이종성과 영의정 이광좌가 유수원을 천거했다.

> 비국 당상 이종성이 아뢰기를,
> "단양군수 유수원이 귀는 비록 먹었으나 문장을 잘합니다. 책을 한 권 지었는데, 나라를 위한 경륜을 논한 것입니다. 헛되이 늙는 것이 아깝습니다."
> 하였는데, 이광좌가 아뢰기를,
> "신 역시 그 책을 보았는데, 책 이름을 〈우서(迂書)〉라 하니

---

* 정만조 외, 같은 책, 40면.

다. 주장과 논변이 매우 이채롭습니다."

하니, 임금이 승정원에 명하여 구해 올리게 했다.

며칠 뒤인 10월 28일 영조가 유수원을 어디에 등용할지 물어본 후, 단양군수를 체직시키고 곧바로 비변사 문랑으로 차출하게 한다. 영조 17년(1741) 2월 8일, 마침내 조현명의 추천으로 영조가 유수원에게 임시로 군직을 주어 조정에 입시토록 명한다. 하지만 유수원은 청각 장애로 인해 임금을 직접 응대하지 못함을 들어 말로써 몸을 대신한다는 '이언대신(以言代身)'의 예에 따라 우선 「관제서승도설」을 지어 바쳤다. 얼마 후 영조는 유수원을 직접 불러들여 「관제서승도설」에 대해 논의하였다. 유수원이 구상하는 서승법은 관직에 일정 기간을 복무하면 차례대로 승진시키는 제도였다. 그럼 한 당파에 의해 이조의 낭관직이 독점되는 폐단을 혁파하고, 결국 당파도 없앨 수 있다는 것이었다.* 이러한 유수원의 구상에 대해 영조도 만족스런 반응을 보였다. 그리하여 유수원을 비국 낭관에 임명하도록 했다.

하지만 유수원의 「관제서승도설」에 대한 신하들의 반응은 별로 좋지 않았다. 위에서 얘기한 노론의 김재로는 그에 대해 냉소적이고 부정적인 반응을 보였고, 소론의 이덕수도 회의적

---

* 조윤선, 위의 논문, 294~295면.

인 반응을 보였다. 그것은 임금이 직접 선택하는 재상들의 권한을 대폭 강화하고 청요직의 권한을 그 아래에 둠으로써, 결국 위계질서를 갖춘 관료제를 건설하겠다는 의도가 있었기 때문이다.*

소론의 전설적 영웅

영조 17년(1741) 6월 5일, 영조는 청각 장애인 문장가 이덕수에게 『속오례의』를 편찬하도록 명했다. 이태 뒤인 영조 19년에는 유수원 또한 이덕수 못지않은 재주가 있다 하여 편찬 낭청으로 임명했다. 영조는 오랜만에 좋은 인재를 얻었다고 하며 매우 기뻐했다. 하지만 이듬해 7월 이덕수가 죽자 영조는 예조판서 이종성에게 그 일을 대신하게 하는데, 이종성이 유수원을 물리치고 윤광소를 기용해 버렸다. 때마침 그해 11월경에 유수원은 모친상을 당하게 되는데, 이후 6~7년간 그에게 벼슬이 주어지지 않았다. 그래서 실록에서 유수원의 존재도 사라지게 된다.** 물론 영조 27년 부사과에 제수되기도 하지만, 더 이상 관직에 나아가지는 못했다. 그 과정에서 유수원은 임금에 대한 불만을 키워나가며 준론의 영수 심악 등과 교유했던 것으로 보인

---

*   박광용, 앞의 책, 51면.
**   정만조 외, 위의 책, 145면.

다.˙

    결국 유수원은 영조 31년 을해옥사에 연루되어 5월 24일 대역부도 죄인으로 죽임을 당하고 만다. 을해옥사란 역모 혐의로 전라도 나주에 유배되었던 윤지가 나주 객사에 괘서를 붙인 사건과, 심정연이 과거시험 답안지에 임금에 대한 불만과 흉언을 써놓은 것을 말하였는데, 이 사건에 유수원도 연루되었다는 것이다.˙˙ 그리하여 유수원은 위로 임금을 헐뜯고 아래로 조정의 신하를 욕하는 흉언패설을 했다는 죄목으로 서소문 밖 앞길에서 사지를 찢어 죽이는 능지처참을 당하였다. 또 재산은 적몰되고 처자도 노비가 되는 등 집안 역시 풍비박산이 되었다.

    정만조 선생에 의하면, 유수원이 이렇게까지 비극적 죽음을 맞이한 데에는 위의 「관제서승도설」과 같은 그의 주장이 노론 중심의 기득권 세력에 위협적이었기 때문이라고 한다. 유수원은 조선이 망하기 직전인 순종 2년(1908)에야 대사령에 의해 신원이 회복되었다.˙˙˙ 다음은 위에서도 인용한 바 있는 심노숭의 『자저실기』 기록 중 마지막 부분인데, 이러한 비극적인 죽음에도 불구하고 소론 내에서의 유수원에 대한 지지와 추종은 계속해서 변함이 없었음을 잘 보여준다. 당시 소론들 사이에서 유수원은 그야말로 전설적 영웅이었던 것이다.

---

*   정만조 외, 같은 책, 145~146면.
**   조윤선, 위의 논문, 312~313면.
***   정만조 외, 같은 책, 150~154면.

을해옥사가 일어났을 때 역신 심확이 처형을 당하면서 유수원과 함께 죽으니 여한이 없다고 하였다. 지금까지도 소론들은 농객을 배척하지 않고 걸핏하면 입에 올린다.*

---

* 심노숭 지음, 안대회·김보성 옮김, 위의 책, 486면.

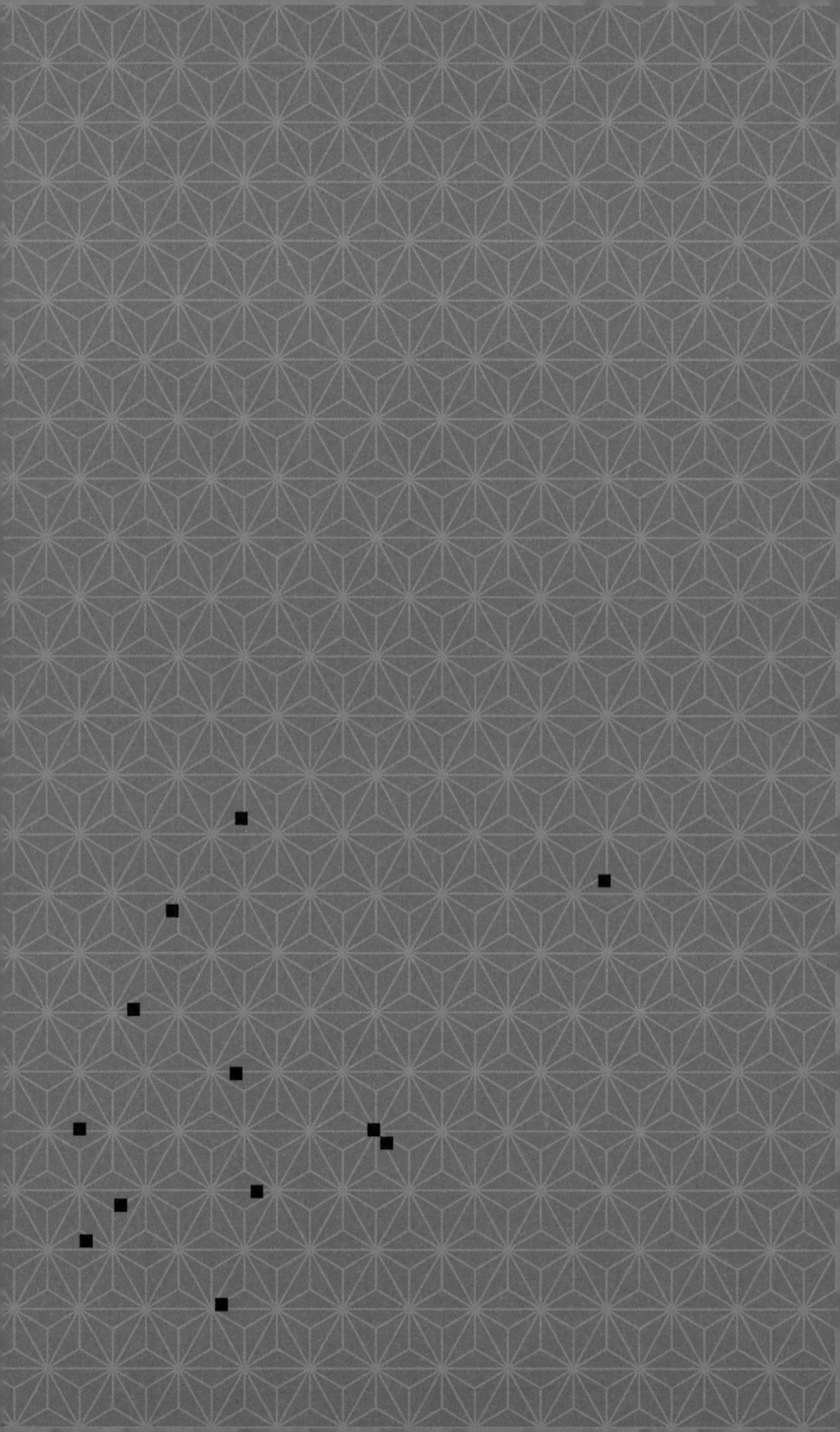

조선 후기 장애인은 사회 속에 자연스럽게 녹아 있었을 뿐 아니라, 장애·비장애를 초월한 그야말로 통합사회를 살아갔음을 알 수 있다.

3 경세치용파의 수준 높은 장애관

경세치용파의 비조, 성호 이익

18세기에 이르러 실학은 본격적인 학파를 형성하며 발전했다. 대표적인 실학의 학파로는 18세기 전반 이익을 중심으로 한 경세치용파(성호학파), 18세기 후반 박지원을 중심으로 한 이용후생파(북학파), 19세기 전반 김정희를 중심으로 한 실사구시파를 들 수 있다.[*]

경세치용파는 국가의 제도개혁을 중시했는데, 성호 이익(1681~1763)은 경세치용파의 비조였다. 이익은 경기도 안산 첨성리에서 주로 활동했다. 일찍이 아버지를 잃고 둘째 형 이잠에게 글을 배웠는데, 이잠이 당시 주도 세력인 노론을 비판하다 처형당하자, 벼슬길에 나가는 것을 포기하고 안산에서 평생 독서와 저술에만 전념했다. 이익은 전통적인 유가의 경세학뿐만 아니라 서양의 자연과학도 적극적으로 수용하여 정치, 경제, 역사, 경학, 천문, 지리, 군사, 학교 등 현실 생활에 이바지할 수 있는 학문을 폭넓게 연구했다.

이 과정에서 많은 제자들을 배출해, 이른바 '성호학파'를 형성하

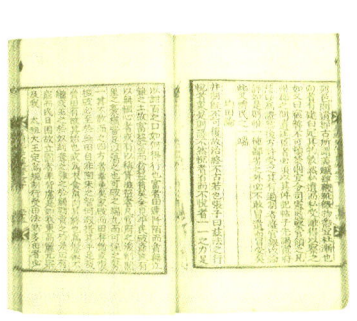

『성호집』, 한국민족문화대백과사전

---

[*] 『실학박물관』, 2010, 82면.

였다. 대표적인 제자로 안정복, 신후담, 윤동규, 권철신 등이 있었다. 또 그의 아들과 손자, 조카 등도 각각 학문적으로 일가를 이루었는데, 이맹휴, 이병휴, 이용휴, 이삼환, 이가환 등이었다. 다산 정약용도 항상 "나의 큰 꿈은 대부분 성호를 사숙함으로써 깨우치게 된 것이다"라고 말할 정도로, 이익의 실학적 영향을 지대하게 받았다.*

이들은 수준 높은 장애 복지론과 장애관을 갖고 있었다. 또 앞에서처럼 초기 실학자들이 장애를 초월한 교유를 했음에도 신분 내의 교유를 한 반면에, 이들은 신분과 나이, 장애까지 초월하여 폭넓은 교유 관계를 맺었다. 이를 통해 우리는 조선 후기 장애인은 사회 속에 자연스럽게 녹아 있었을 뿐 아니라, 장애/비장애를 초월한 그야말로 통합사회를 살아갔음을 알 수 있다. 이들 성호학파 가운데 장애와 관련하여 주목할 만한 인물로는 이익, 이용휴, 이가환 등이 있고, 이들의 영향을 받은 인물로 다산 정약용도 함께 살펴보자.

〈할계전〉, 장애를 따질 필요가 없다

성호 이익은 장애에 대해 관심을 갖고 올바른 장애관을 형성하는 데 노력했으며, 장애 인물들과도 활발히 교유하며 함께

---

* 한국철학사연구회, 위의 책, 105면.

살아갔다. 먼저 성호는 각종 작품을 통해 올바른 장애관을 표현했는데, 대표적으로 〈할계전〉, 〈상진〉, 〈개자〉, 〈농자필음〉 등을 들 수 있다.

〈할계전(瞎鷄傳: 외눈박이 닭 이야기)〉은 한쪽 눈이 먼 닭이 오히려 병아리를 잘 기르는 모습을 보고 스스로 깨달은 내용을 기록한 것이다.* 대개 사람들은 한쪽 눈이 멀면 새끼를 제대로 기를 수 없을 것이라는 편견을 가지고 있다. 한쪽 눈으로만 보면 몸의 방향 감각이 떨어지기 때문이다. 그러나 성호가 막상 지켜보니 오히려 눈먼 닭이 온전한 어미 닭보다 새끼를 더 잘 기르더라는 것이다. 그 원리는 대략 이러하였다. 보통 닭들은 어미 혼자서 먹이를 찾아 새끼들을 먹이고 날랜 천적들을 방어하느라 힘이 다하고 병들거나 지쳐서 결국 새끼들 중 10에 6~7마리는 잃기 일쑤였다. 그러나 외눈박이 닭은 모든 것을 그 반대로 하였다. 사람에게 의지하여 새끼들을 지키고, 먹이도 스스로 찾아 먹게 하였다. 성호는 사람을 양육하는 이치도 이와 같다고 하였다. 불리한 여건이 오히려 더 나은 결과를 낳을 수 있으니, 굳이 장애를 따질 필요가 없다고 했다. 이렇게 성호는 대단히 수준 높은 장애관을 갖고 있었다. 좀 길긴 하지만, 『성호전집』 68권에 실려 있는 〈할계전〉을 그대로 옮겨보도록 한다.

---

* 김경미, 「관계로서의 동물, 동물의 문학적 재현」, 『이화어문논집』51, 이화어문학회, 2020, 53면.

암탉이 둥지에 있는데 한쪽 눈이 멀었다. 오른쪽은 눈동자가 완전히 덮였지만, 왼쪽 눈은 감기지 않아 약간 사팔눈이었다. 낟알이 그릇에 가득 차 있지 않으면 쫄 수 없고, 다녔다 하면 담장에 부딪혔다. 우왕좌왕하면서 슬슬 피하기나 하니, 모두들 "이 닭은 새끼를 기를 수 없을 것"이라고 했다. 날이 차서 병아리가 나왔기에 뺏어다가 다른 닭에게 주려고 하였는데, 가엾어서 차마 그러지 못하였다.

얼마 지나서 살펴보니, 달리 하는 일도 없이 항상 섬돌과 뜰 사이에서 떠나지 않고 있었는데, 병아리는 어느새 자라나 성장해 있었다. 다른 어미 닭을 보니 거의 상해를 입거나 잃어버리기나 해서, 혹 반도 남아 있지 않은 것도 있었다. 그런데 이 닭만은 온전하게 둥지를 건사했으니 어째서인가?

무릇 세상에서 새끼를 잘 기른다는 것은 두 가지이다. 먹이를 잘 구하고 환란을 잘 방어하는 것이다. 먹이를 구하려면 건강해야 하고, 환란을 막으려면 사나워야 한다. 병아리가 이미 부화했으면 어미는 흙을 파헤쳐 벌레를 잡느라 부리와 발톱이 닳아서 뭉툭해진다. 정신없이 사방으로 나가 안식할 때가 없다. 위로는 까마귀와 솔개를 살펴야 하고 옆으로는 고양이와 개를 감시하다가 주둥이를 악다물고 날개를 퍼덕이면서 죽을힘을 다해 싸우니, 참으로 새끼를 키우는 방도를 명쾌하게 터득한 것처럼 보인다. 그러나 숲 덤불을 분주하게 다니며 때가 되면 불러들이고 병아리는 삐악거리며 졸졸 따라다니는데, 힘은 다하고 몸은 병들어 간다. 그러다가 혹 잃어버려서

물이나 불 속에 빠뜨리기도 하니, 이렇게 재앙이 갑자기 닥치면 먹이를 구해도 소용이 없다. 신중히 보호하고 방어하여 싸우는 것을 타오르는 불길과 같이 맹렬하게 하지만, 환란이 지나간 뒤에는 병아리 또한 10에 6~7은 죽는다. 또 멀리 나가게 되면 사람도 보호해 줄 수 없게 되어 사나운 맹수의 밥이 되고 만다. 이렇게 되면 환란을 막아도 소용이 없다.

저 외눈박이 닭은 일체를 모두 반대로 하여 다녀도 멀리 가지 못하므로 사람 가까이에 의지하고 있다. 눈은 살피지 못하므로 항상 두려움을 품고 있다. 행동거지는 느릿느릿하면서 안아 주고 덮어 주기만 자주 할 뿐 애쓰는 모습을 보지 못했지만 병아리는 스스로 먹이를 찾아 먹으면서 자랐다.

대저 새끼를 기르는 것은 작은 생선 삶듯이 조심스럽게 해야 하며 교란 시키는 것은 금물이다. 저가 그만한 지혜가 있는 것도 아닌데, 방법이 잘 맞아떨어져 결국 온전하게 된 것은 그 까닭이 여기에 있지 저에게 있는 것은 아니다.

사물을 기르는 방도는 먹이를 챙겨주는 데에 있을 뿐만이 아니고 바로 거느리는 기술이 있어 각각 그 생명을 이루어주는 것이니, 그 요령을 잘 거느려서 잊지 않는 데 달려 있다는 것을 알겠다. 내가 이에 닭을 기르는 것으로 인해 사람을 기르는 방도를 얻었다.[*]

---

[*] 이익 지음, 김기빈 외 옮김, 『성호전집』17, 한국고전번역원, 2010, 233~234면.

때론 한쪽 눈이 먼 닭이 오히려 두 눈이 온전한 닭보다 새끼를 잘 기를 수 있다. 그러므로 세상을 살아가는 데 있어서 장애는 굳이 따질 필요가 없다. 이 이야기에는 이러한 성호의 긍정적 장애관이 잘 나타나 있다.

〈상진〉, 마땅히 한쪽 다리가 길다고 해야 한다

〈상진〉에도 성호의 긍정적 장애관이 잘 나타난다. 원래 상진(1493~1564)은 명종 때 우의정, 좌의정, 영의정까지 지낸 인물인데, 워낙 인품이 어질고 관대하여 15년간 재상으로 지냈다. 상진의 장애 관련 일화는 매우 유명하여 『어우야담』, 『지봉유설』, 『자저실기』, 『대동기문』 등 여러 문헌에 실려 있는데, 성호도 『성호사설』 10권 인사문에 싣고 있다.

> 정승 상진은 남의 허물을 말하지 않았다. 하루는 어떤 손님이 와서 "아무는 한쪽 다리가 짧습니다."라고 하자, 상진은 "어쩔 수 없이 말하려면 한쪽 다리가 길다고 하는 것이 좋지 않겠는가?"라고 하였으니, 이는 대개 그 짧음을 차마 바로 말할 수 없다는 뜻이다.*

---

* 이익, 『성호사설』 IV, 민족문화추진회, 1978, 133면.

군자는 남의 단점을 함부로 말하지 않는다는 것으로, 조선시대 사람들의 기본적인 장애관을 상징적으로 보여주고 있다. 장애에 대한 혐오 표현이 난무하는 요즘 시대에 경청할 만한 구절이다.

『성호사설』 성호박물관 소장

〈개자〉, 죽기를 원합니다

〈개자(丐者-걸인)〉는 흉년에 걸인들도 구걸하기 어렵다는 것과 더불어 성호가 30년 전에 겪은 어느 장님 걸인의 고통스런 삶의 현실을 들려준 것이다.

흉년이 들면 걸인들이 길에 연이어 표주박을 들고 자루를 메고서 염치없이 달려든다. 한 번 구걸에 답하지 않으면 세 번 네 번 더욱 겸손히 한다. 눈살을 찌푸리면서 주면 몸을 굽혀 받으니, 이야말로 사나이로서 차마 할 짓이 못 된다. 불쌍히 여기면서 주어도 부끄럽겠거늘 하물며 호통을 치면서 던지는 그 모욕임에랴? 나는 스스로 사람이 이런 경우를 면하게 되는 것도 다행한 일이라 생각한다. 내 이미 실 한 오리 쌀 한 알을 만들어내지 못하거늘 생활의 자료를 어디에서 얻을 건가? 불행하게도 집 재산이 없어져 유리걸식할 형편인데도, 어찌 진삼(陳三)의 하찮은 일에 가깝지 않겠는가? 구걸하면서 곤욕을 당하는 것은 가볍고 생사의 관계는 중하니, 차라리 그 모욕을 무릅쓰고 중함을 구하는 것이 인지상정이라.

내가 30년 전 어느 저문 날에 서울 거리를 지나는데, 매우 추운 날이었다. 어떤 장님 걸인이 옷은 떨어지고 배는 고프지만 집에 있을 수가 없어서 남의 집 문밖에 앉아 울면서 하늘에 하소연하기를 "죽여주기를 원합니다. 죽기를 원합니다."라고 하니, 그 뜻이 참으로 죽고 싶지만 그대로 안 되는 것이었다. 지금도 내가 그것이 잊히지 않아 생각하면 눈물이 쏟아질 정도이다.*

흉년이 들면 걸인들도 구걸하기 어렵지만, 장님 걸인은 더욱 어려워 차라리 죽고 싶지만 그것조차도 어렵다는 것이다. 이처럼 조선시대 일정한 직업이 없는 장애인은 흉년이 들면 심각한 생존 위기에 처했다. 그래서 앞에서처럼 맹자는 『맹자』 공손추 상편에서 남을 불쌍히 여기는 측은지심이야말로 인(仁)의 실마리라고 하면서 누구든지 어려움에 처한 사람을 보면 도와주고, 국가도 이들을 맨 먼저 구제해야 한다고 역설했다. 여기서 성호도 장애 걸인을 두고 측은지심에 기인한 애민의식을

---

* 이익, 『성호사설』 V, 민족문화추진회, 1977, 54~55면.

표현하고 있다. 혹자는 이를 두고 조선시대 장애인은 모두 먹고살기 어려웠다고 말하고 싶겠지만, 성급하게 확대 해석하는 것은 절대 금물이다. 성호는 분명 직업이 없이 빌어먹고 사는 장님 걸인을 두고 말한 것이었다.

〈농자필음〉, 귀머거리는 반드시 벙어리다

〈농자필음(聾者必瘖: 귀머거리는 반드시 벙어리다)〉은 성호의 장애에 대한 관심과 이해가 얼마나 깊은지 잘 보여주는 것으로, 조선 후기 실학자와 현대 학자들의 차이를 극명하게 보여주는 글이다. 이 글도 『성호사설』 9권 인사문에 실려 있다.

> 어떤 자가 묻기를 "나면서부터 소경이 된 자에게 꿈이 없는 것은 당연하거니와, 나면서부터 귀먹은 자가 반드시 벙어리가 되는 것은 무슨 까닭인가?" 하였다. 대개 말이란 소리이다. 나면서부터 귀머거리라면 당초에 소리가 있다는 것을 알지 못한다. 그러므로 비록 혀가 있지만 그것을 놀려서 소리가 된다는 것을 알지 못할 것이니 어떻게 말을 할 수 있겠는가? 그렇다면 귀머거리가 소경이나 벙어리 같은 병(장애)에 비한다면 천형 중에서도 혹심한 것이 된다 하겠다. 내가 일찍이 한 노인을 보았는데, 귀가 꽉 먹어서 사람들이 반드시 글자로 써서 뜻을 보여주면 노인도 역시 글자로써 말을 대신하니, 상대방은 들을 수 있다는 것을 알지 못한 까닭이

다. 그 일이 또한 우습다.*

나면서부터 귀가 먹으면 소리가 있다는 것을 알지 못하기 때문에 말도 할 수 없게 된다는 것이다. 또 청각 장애가 오히려 시각 장애나 언어 장애보다 더욱 심한 장애이고, 그들은 주로 글로서 말을 대신하는 필담을 한다고 자세히 일러주고 있다. 현대 학자들의 장애에 대한 무관심이나 이해 부족과는 너무도 대비된다 하겠다.

한쪽 눈의 괴짜 화가 최북과의 교유

성호는 개방적이고 평등사회를 지향한 실학자답게 최북, 윤기, 이단전 같은 가난하거나 신분이 낮은 장애 인물과도 활발히 교유했다. 이단전은 뒤에서 다시 자세히 이야기할 것이라 여기에선 최북과 윤기에 대해서만 살펴보기로 하자.

최북 초상

최북(1712~1786)은 영·정조 때 활동했던 대표적인 중인 화가이자 최초의 직업 화가였다. 최북

---

* 이익, 『성호사설』 IV, 민족문화추진회, 1978, 25~26면.

은 산수화, 화조도, 영모화, 인물화 등 다양한 그림을 그렸으나, 특히 메추라기를 잘 그려 사람들이 그를 '최메추라기'라 부르기도 했다. 그는 술을 매우 좋아했고, 술만 마셨다 하면 꺼리는 게 없을 정도로 거침없는 삶을 살았다. 다음은 신광하의 〈최북가〉 중 일부분인데, 최북의 성격이 잘 나타나 있다.

최북, 작어산수도, 국립중앙박물관 소장

> 최북 그이의 사람됨 정갈하고 매서우니
> 그 스스로 칭하길 '화사 호생관'이라고
> 체구는 작달막하고 눈은 한짝(한쪽)이 멀었지만
> 술이 석 잔을 넘어서면 꺼리는 것이 도무지 없었더니라.*

최북은 원래 장애인이 아니었는데, 한쪽 눈의 시각 장애인이 된 것도 그러한 불같은 성격 때문이었다.

> 한 귀인이 최북에게 그림을 요구했으나 뜻을 이루지 못하자

---

* 임형택 편역, 『이조시대 서사시』하, 창작과 비평사, 1992, 276면.

장차 위협하려 하였다. 최북이 분노하여 말하기를 "남이 나를 저버리는 것이 아니라 내 눈이 나를 저버리는구나!"라고 하였다. 그러고는 곧 자신의 한쪽 눈을 찔러 멀게 하였다. 늙어서는 한쪽에만 안경을 낄 뿐이었다.*

한 고관이 강제로 그림을 요구하자, 최북이 그에 반발하여 스스로 왼쪽 눈을 찔러 멀게 했다는 것이다. 이렇게 최북은 중도에 자해로 한쪽 눈을 잃고 시각 장애인이 되었다. 최북은 중인 화가였음에도 불구하고 종실과 경화세족을 비롯해서 양반 사대부나 문인, 서예가, 중인층, 노비층에 이르기까지 광범위한 사람들과 교유했다. 심지어 종실 서평군과는 함께 내기바둑을 두다가 바둑판을 휘저어 버렸다는 일화가 남아 있다.

최북은 한양 창의문 밖 백악산(북악산) 아래에 살았으면서도**, 경기도 안산의 성호학파인 이익, 이용휴, 이가환, 이현환 등 양반들과 활발하게 교유했다. 영조 24년(1748) 36세의 최북은 도화서 화원이 아니었음에도 조선통신사 수행화원으로 뽑혀 6개월간 일본에 다녀오게 되었다. 그때 성호는 〈일본에 가는 최칠칠을 보내며〉라는 송별시 3수를 지어주었다.

---

* 조희룡 지음, 실시학사 고전문학연구회 역주, 『호산외기』, 조희룡전집6, 한길아트, 1998, 59~60면.

** 정창권, 『한쪽 눈의 괴짜화가 최북』, 사계절, 2014, 23~24면.

오두산의 산빛은 아스라이 창공에 이어졌고
고래 죽자 지부산에 길이 처음 통하였네
동쪽에 교화가 젖어든 것은 언제부터인고
하늘은 응당 한 줄기 순풍을 빌려주리라

구군(九郡)의 산천을 두루 많이 유람하리니
가슴속에 담아 올 것 과연 어떠할꼬
지난날 서복이 신선 찾아 갔던 땅에
다시금 사신의 수레 좇아 말 타고 지나가리라

못나고 게으른 삶이라 장관을 본 일이 적고
하늘 저편 좋은 유람은 물결에 막혔어라
부상 가지에 걸린 태양의 참 형상을
부디 잘 그려와 내게 좀 보여주게*

    1연은 최북이 일본에 잘 다녀오길 기원하고, 2연은 일본의 산천을 두루 구경하고 가슴에 담아오라고 한다. 3연은 자신은 일본에 못 가봤으니 그림으로 그려 와 보여 달라고 간절히 부탁하고 있다. 이때 최북과 친했던 이현환도 〈송최북칠칠지일본서〉와 〈최북화설〉이라는 2편의 글을 지어주었다.**

---

*   이익 지음, 양가정 옮김, 『성호전집』3, 한국고전번역원, 2016, 101~102면.
**   권혜은, 「최북의 화조영모화를 통해 본 안산문인들과의 교유」, 『미술사연구』26,

이러한 호탕한 성격과 그림 솜씨 때문인지, 최북의 말년에는 당시 최고의 양반 문인들이 후원자가 되어주기도 했다. 특히 남인계 문인 신광수·신광하 형제는 최북의 말년에 각별한 애정을 갖고 뒷바라지를 했는데, 그중 신광하는 최북이 죽은 뒤 〈최북가〉란 추모시를 짓기도 했다. 또한 최북의 70대 무렵에 20대 초반의 남공철이 최북의 그림을 좋아하여 자주 만났고, 최북의 사후에는 〈최칠칠전〉이란 전기를 쓰기도 했다.

　남공철(1760~1840)은 정조, 순조 때 조선 제일의 문장가란 평을 받을 정도로 문장에 뛰어났다. 아버지는 정조의 스승이자 대제학을 지낸 남유용이었다. 남유용이 63세에 셋째 부인과의 사이에서 남공철을 낳았다고 한다. 『헌종실록』 헌종 6년 12월 30일조의 졸기에 의하면, 남공철은 키가 크고 아름다운 모습이었으나 기가 약해 힘이 모자랐다고 한다.

> 남공철의 자는 원평인데, 키가 크고 아름다운 모습이었다. 문장을 잘하였는데 흔히 구양수를 표준으로 삼았으며, 기가 약하여 힘이 모자랐으나 그 풍신의 화창한 부분은 가끔 닮았다. 문형(대제학)을 맡아 여러 번 인재 등용을 맡았으나 뇌물이 행해지지 않았다. 정승이 되어서는 전후 10여 년 동안에 당시의 젊은이들에 관계되는 일을 넉넉히 앉아서 진정시켰고, 나아가고 물러가고 임금의 물음에 답변하는 데 본받

미술사연구회, 2012, 141면.

을 만한 것이 있으므로, 조정의 중신들이 다 칭찬하였다. 세상을 떠날 때의 나이가 81세이고, 시호는 문헌이다.

황현의 『매천야록』에서도 용모가 매우 아름다워 신선과 같았지만 고자, 즉 성기능 장애를 갖고 있었다고 했다.

> 서울에는 예로부터 타고난 고자가 많았다. 근세 재상으로 남공철과 서승보가 그중에 알려진 사람이다. 남공철은 '자도(自道)'라는 소리를 들었고, 또 악관에 규장각에 출입하여 길 가는 사람들이 그를 가리켜 신선 같은 관원과 같다고 했다. 일찍이 그가 입궐하는데 부인이 조복을 펼쳐 입혀주며 등뒤에서 그의 어깨를 깨물며 크게 곡을 하였다. 그의 용모는 아름다우면서 쓸모가 없기 때문이었다. 서승보의 부인은 죽을 때 서승보를 불러 영결을 고하고 웃으며 말하기를 "나는 깨끗한 몸으로 돌아간다."라고 하였다.*

남공철과 서승보가 성기능 장애를 갖고 있었고, 그로 인해 부인들이 평생 동안 매우 힘들었다는 것이다. 서승보(1814~1877)는 고종 때의 고위 관료로, 1856년 과거에 급제하여 이조참의, 예조참판, 예문관 제학, 홍문관 제학, 이조참판, 형조

---

* 황현 지음, 임형택 외 옮김, 『매천야록』하, 문학과 지성사, 2005, 293면.

판서 등을 지냈다. 실제로 남공철은 자식을 낳지 못해 양자로 대를 이었는데, 『의령남씨족보』를 확인해본 결과 '남기원'을 양자로 들여 후사를 잇고 있었다.*

남공철은 젊은 시절 이덕무, 박제가, 박지원, 유득공, 서유구 등 실학파들과 활발히 교유했다. 또 서화에 관심이 많아서 신분과 나이, 장애를 뛰어넘어 최북, 이단전 등 여항의 예인들과 아주 친하게 지냈고, 그들이 죽은 뒤에는 평생의 기이한 행동을 모아 기록으로 남기기도 했다.** 그럼에도 뒷날 그는 규장각의 초계문신이 되었고 대제학, 영의정까지 역임했다. 최북은 또한 뒤에서 보게 될 노비시인 이단전과 아주 친한 친구였고, 인왕산 아래 중인들의 시 모임인 송석원시사에도 참여하여 그의 시 3수가 『풍요속선』에 실려 있다.

불운한 선비 윤기를 격려하다

성호는 가난한 사족의 후손인 윤기(1741~1826)와도 교유했다. 윤기는 서울 서대문 밖 냉천동에서 태어났지만 워낙 집이 가난하여 86세까지 거의 한평생 떠도는 삶을 살았다. 19세 때 결혼하여 양근(양평)으로 가서 처가살이를 했고, 25세 때 다시

---

* 『의령남씨족보』3, 의령남씨대종회, 2006, 328면.
** 안순태, 『남공철 산문 연구』, 월인, 2015, 29~30, 35, 45~47면.

서울로 와서 이사만 무려 15번을 다닐 정도였다.*

그의 운명도 각박하긴 마찬가지였다. 33세 때 생원시에 합격하여 20여 년의 성균관 생활을 하다가 52세야 비로소 문과에 급제한 뒤 15년 동안 부사과, 주부, 현감, 찰방 등의 한직을 전전했던 그야말로 불운한 인생이었다.** 게다가 54세 이후엔 눈이 아른거려 벼슬살이조차 하기 어려워지고, 61세엔 귀도 먹고 말조차 못하게 되었다. 노화로 인한 시각 장애, 청각 장애, 언어 장애를 갖게 된 것이다. 다음은 『무명자집』 시고 4책에 실려 있는 〈귀머거리요 장님이라〉라는 시이다.

> 눈 어둡고 귀마저 멀어
> 마침내 병든 늙은이 되었네
> 고요할 때 들어도 바람 소리 속에 있는 듯하고
> 맑은 날 보아도 안개 속에 있는 듯하다
> 각막 긁어낼 방법 있으랴
> 안경을 써도 효과가 없다네
> 세상만사 혼연히 잊었나니
> 하늘이 내게 풍요로움 선물했네***

---

* 이규필, 「무명자 윤기의 생애와 교유」, 『대동문화연구』 31, 성균관대학교 대동문화연구원, 2015, 14~20면.
** 이규필, 「무명자 윤기의 의식세계 고찰」, 『대동한문학』 36, 대동한문학회, 2012, 303면.
*** 윤기, 『무명자집』 4, 성균관대 출판부, 2013, 322면.

눈 어둡고 귀조차 먼 노년 장애를 두고 세상만사를 잊게 하는 하늘의 선물이라 하면서 스스로를 달래고 있다. 노화로 인한 장애를 더 이상 어찌할 수 없으니 순순히 받아들이고 있는 것이다. 윤기는 20살 때 안산의 성호를 방문하여 환대받고, 21살 때에는 『소학문목』을 작성하여 질의한 뒤 칭찬을 받았다. 23살 때에도 노환으로 자리에 누워있는 성호를 찾아가 뵈었는데, 그때 이익은 "내가 중병에 들었으니 우리 다시는 만나지 못할 것 같네. 그대는 좋은 자품과 재주를 지녔으니 부지런히 노력하시게."라고 특별히 격려해주었다. 그해 12월 성호는 83세의 나이로 세상을 떠났다. 윤기는 〈성호 선생께 올리는 제문〉을 지어 그동안 세 차례의 만남을 회고하고, 스승에 대한 존경과 안타까움을 토로했다.˙

윤기는 집이 가난하고 관직 운마저 없어 늘 소외된 삶을 살았다. 그래서 남들에게 따돌림을 당하기 싫어 차라리 바보처럼 사는 게 좋다고 말하기도 했다.˙˙ 그나마 윤기의 나이 47세 때인 1787년(정조11) 자신보다 14살 아래의 이단전이 벗들과 함께 그를 찾아와 술을 마시고 시를 읊으며 시름을 달래주었다. 아래에서 자세히 살펴보겠지만 이단전은 중복 장애를 가진 노비 시인이었으나, 워낙 시와 글씨에 능해 당시 양반들과도

---

*   이규필, 위의 논문, 2015, 36~37면. ; 윤기 지음, 강민정 옮김, 『무명자집』9, 성균관대 출판부, 2013, 23면.

**   이규필, 위의 논문, 2012, 311~312면.

폭넓게 교유했다. 다음은 『무명자집』 시고 2책에 실려 있는 윤기의 〈이단전의 시에 차운하여 그에게〉라는 시이다.

연초부터 칩거하며 남은 봄을 보내다가
우연히 그대 보니 맑은 눈이 뜨이는구나
세상에는 여태 나를 알아주는 이 없더니
도성 안에 도리어 그대 같은 사람 있네
회포 달랠 시 읊지만 화답하긴 게으르니
무언에 뜻을 두고 묵묵히 자주 쳐다볼 뿐
경치 좋은 강가 누각에 여러 날 눌러앉아
형체 잊고 실컷 마셔 세상사에 초연할사*

늘 칩거 생활을 하며 혼자서 지내다가 이단전이 찾아와 시와 술로 회포를 풀어주니, 이제야 비로소 세상사에 초연할 수 있게 되었다는 것이다. 그가 평소에 얼마나 고립적인 생활을 했는지 알 수 있다.

---

* 윤기, 『무명자집』 4, 성균관대 출판부, 2013, 28~29면.

재야학자 이용휴의 탁월한 장애관

이용휴(1708~1782)도 성호처럼 수준 높은 장애관을 갖고 있었을 뿐더러 장애 인물과도 활발하게 교유했다. 이용휴는 성호의 조카로, 일찍이 벼슬을 포기하고 재야에서 전업 작가로 살아갔다. 이용휴의 장애관은 〈증정재중(贈鄭在中)〉이란 글에 잘 나타나 있다. 정재중의 이름은 정문조로, 40살에 시각 장애인이 되었다. 이용휴는 그를 위로하고자 이 글을 지었는데, 시각 장애에 대한 탁월한 생각이 담겨 있다. 아래는 안대회 선생이 그 글을 〈외안(外眼)과 내안(內眼)〉이란 제목으로 번역한 것이다.

> 눈에는 두 가지가 있다. 하나는 외부를 보는 눈이요, 다른 하나는 내부를 보는 눈이다. 외부를 보는 눈으로는 외부의 사물을 살피고, 내부를 보는 눈으로는 이치를 살핀다. 그런데 어떤 사물에도 이치가 없는 것이 없고, 또 외부를 보는 눈은 현혹되기 쉬우므로 반드시 내부를 보는 눈에 의해 바로잡혀야만 한다. 따라서 내부를 보는 눈이 더 온전하다. 게다가 외물이 눈앞에 뒤섞여 오면 그로 인해 마음이 바뀌게 되므로, 외물이 되레 내면에 해를 끼친다. "장님이던 처음 상태로 나를 돌려다오"라고 말한 옛사람이 있었던 이유가 바로 여기에 있다.
>
> 정재중은 올해 나이 마흔이 되었다. 40년 세월 동안 눈으로 본 바가 적지 않았을 것이다. 비록 지금부터 시작하여 80세 노인에 이른다 해도 예전에 본 것과 다르지 않을 터이니, 뒷

날의 재중이 현재의 재중과 다르지 않을 것임을 미루어 알
수 있다. 다행스럽게도 재중은 외부를 보는 눈에 장애가 있
어 사물을 보는 데 방해를 받고, 오로지 내부를 보는 능력만
을 얻었으므로 더욱 밝게 이치를 터득할 것이다. 그러므로
뒷날의 재중은 오늘날의 재중과는 분명 같지 않을 것이다.
사정이 이렇다면 눈동자의 백태를 없애는 처방은 말할 것도
없고, 칼로 각막을 깎아 눈을 뜨게 하는 치료조차도 원하지
않을 것이다.*

눈에는 외부(사물)를 보는 눈과 내부(이치)를 보는 눈이 있
는데, 내부를 보는 눈이 더욱 중요하다는 것이다. 외부를 보는
눈은 현혹되기 쉽고, 오직 내부를 보는 눈이 바르고 온전하게
볼 수 있다고 했다. 정재중(정문조)은 40살에 눈이 멀게 되었지
만, 이처럼 외부를 보는 눈을 잃은 대신에 내부를 보는 눈을 얻
게 되었으니 굳이 안질을 치료하려고 애쓰지 말라는 것이다.
이렇게 그는 긍정적이며 탁월한 장애관으로 정재중의 시각 장
애를 위로하고 있다.

---

* 안대회, 『고전산문산책』, 휴머니스트, 2008, 58~19면.

중복 장애 이단전과의 교유

이용휴도 성호 이익처럼 최북과 교유했다. 그는 최북의 〈풍악도〉를 보고 비평한 글을 남겼는데, 최북의 그림을 당나라 은천상의 고사에 빗대어 높이 평가하고 있다.* 그러나 이용휴는 최북의 절친이자 영·정조 때의 노비 시인 이단전과 아주 가까이 지낸 것으로 유명했다.

이단전은 연암 박지원의 벗 유언호의 노비로, '키는 작달막하고 눈에 백태가 끼어 왼눈으로 보았으며, 마마 자국이 덕지덕지한 매우 비루한 모습으로 말투는 어리바리하고 조리가 없었던', 즉 한쪽 눈의 시각 장애와 말이 어눌한 언어 장애를 가진 중복 장애인이었다.** 이단전도 최북처럼 술을 좋아하고 신분이나 나이에 얽매이지 않는 거침없는 삶을 살았다. 다음은 이단전과 서로 오가며 막역한 사이로 지낸 남공철의 기록이다. 위에서처럼 남공철은 성기능 장애를 갖고 있었는데, 젊은 시절 최북을 좋아하여 교유하는 한편 그의 전기를 쓰기도 했다. 원래 남공철은 이단전과 매우 친하여 그의 소개로 최북과도 만난 것이었다. 아래는 남공철이 이단전의 시집에 써준 서문의 마지막 부분이다.

---

* 변해원, 호생관 최북의 생애와 회화세계 연구, 고려대대학원 석사학위논문, 2007, 26~28면.

** 이상원, 『노비문학산고』, 국학자료원, 2012, 102면.

> 균이민장은 술을 즐겨하였고, 술을 마신 뒤에는 비록 사대
> 부를 만나도 그들의 잘못을 직선적으로 들춰냈으며, 때로는
> 모욕을 주고도 그 사실을 깨닫지 못했다. 이로 말미암아 그
> 를 비방하는 사람이 매우 많아 군을 광생(狂生)·망자(妄子)라고
> 지목하였다. 그러나 우리들은 모두 그의 재주를 아꼈다.[*]

 이단전의 거침없는 삶의 모습이 잘 나타나 있다. 사람들은 그를 미친놈이라고 했지만, 그의 시적 재주만은 아꼈다는 것이다. 과연 이단전의 시 쓰는 능력은 아주 뛰어나서 양반 사대부들 사이에서도 그 이름이 널리 알려져 있었다.

 이단전은 밤마다 등불을 밝히고 꼿꼿이 앉아 시를 지었다. 또 사람을 놀라게 할 만한 시가 아니라면 아예 입 밖에 꺼내지도 않았다고 한다. 다음은 조희룡의 『호산외기』에 기록된 이단전의 투철한 시 정신이다.

> 이단전은 자가 운기다. 지위가 낮았지만 재주는 높았다. 시
> 에 능하고 글씨를 잘 써서 이름이 일세에 떨쳤고 사대부들
> 과 사귀었다. '필재'라고 스스로 호를 삼은 것은 '아래 하(下)',
> '사람 인(人)' 자를 딴 것인데, 스스로 하인(下人)에 빗댄 것이
> 다. 그는 시를 지을 때 기상천외한 발상으로 사람을 놀라게
> 할 만한 것이 아니면 입 밖에 내지 않았다. 두보가 '말이 사

---

[*] 안대회, 위의 책, 422면.

람을 놀라게 할 만하지 않으면 죽어도 그치지 않겠노라.'라고 말한 것이 먼 훗날에 이단전을 위해 말한 것이 되었다.*

실제로 이단전의 시를 읽어보면, 그가 시 한 편을 짓는 데도 얼마나 많은 공을 들였는지 쉽게 알 수 있다. 대표적으로 〈거미〉라는 시를 직접 감상해보자.

배는 불룩 경륜이 담겨 있어
먹이를 먹으려고 그물을 치네
이슬방울 군데군데 깔아놓은 데로
바람타고 날아온 나비가 걸려드는구나**

거미의 모습과 먹이 활동을 그야말로 섬세하게 포착해서 쓴 시이다. 조선 후기의 시가 아닌, 근대의 사실주의적인 시에 가깝다고 할 수 있다.

이단전의 교유 관계도 위의 최북처럼 대단히 넓었는데, 장애/비장애를 가리지 않고 폭넓은 인간관계를 맺었다. 그는 처음엔 남공철의 족숙(아저씨뻘 되는 사람) 남유두를 시 스승으로 삼았다가, 나중에는 이용후생파 실학자 이덕무에게 배웠다. 또한

---

* 조희룡 지음, 실시학사고전문학연구회 옮김, 앞의 책, 60~61면. ; 이상원, 위의 책, 110면.

** 이상원, 위의 책, 119면.

그는 이덕무의 벗인 유득공과 아주 가깝게 지냈고, 위에서처럼 양반층인 남공철, 윤기와도 매우 친근한 사이였다. 나아가 중인층인 최북, 장혼 등의 장애 인물은 물론 당시 하층 장애인에 관심이 많았던 조수삼과도 아주 가깝게 지냈다. 이단전의 사후에 장혼은 애도시를, 조수삼은 〈이단전전〉이란 전기를 각각 지었다.

이용휴는 이렇게 신분과 나이를 초월하여 이단전과 교유했는데, 특히 이단전의 시집 『하사고(노을을 생각하다)』의 서문을 써줄 정도로 친근하였다. 이용휴는 그 서문의 마지막 부분에서 '시고를 펼치자마자 괴상하고 번쩍번쩍한 빛이 솟구쳐 무어라 형용하기가 어려울 만큼 평범한 시고를 넘어서 있었다'라고 이단전의 시를 극찬하고 있다.*

이가환과 장애교육 선구자 장혼과의 교유

이가환(1742~1801)은 이용휴의 아들로서, 당대에 천재로 이름을 날렸다. 아버지와 달리 과거에 급제해 정계에 진출했는데, 정조의 총애와 채제공의 후원으로 정주목사, 대사성, 형조판서 등 요직을 두루 역임했다. 하지만 채제공과 정조가 세상을 떠난 후 천주교 교주로 지목되어 국문(鞠問)을 받던 중 세상

---

* 이용휴·이가환 지음, 안대회 옮김, 『나를 돌려다오』, 태학사, 2003, 104면.

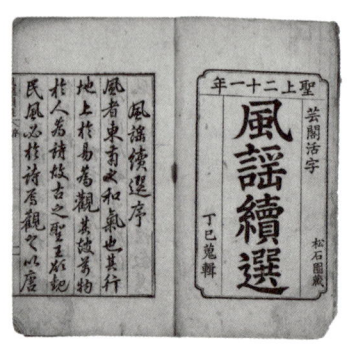
풍요속선, 국립중앙도서관 소장

을 떠났다.* 이가환도 신분에 구애받지 않고 중인층과 활발하게 교유했는데, 특히 중인 출신의 절름발이 지체 장애 시인이자 아동교육자 장혼과 아주 절친한 사이였다.

장혼(1759~1829)은 어렸을 때 각질(다릿병)을 앓은 뒤로 한쪽 다리를 저는 지체 장애인이 되었다. 하지만 그는 장애를 부끄러워하거나 주저하는 기색이 전혀 없이 당당한 삶의 태도를 갖고 있었다. 다음은 조희룡의 『호산외기』〈장혼전〉의 앞부분인데, 장혼의 이러한 모습이 잘 나타나 있다.

> 장혼은 자가 원일이고, 호는 이이엄인데 '파옥삼간이이(허물어진 집 세 칸이면 그만)'의 뜻에서 취하였다. 장우벽의 아들로서 어버이를 효도로 섬겼는데, 그 사실은 별전에 실려 있다. 한쪽 다리를 절었지만 집이 가난하여 몸소 땔나무를 하고 물 긷는 일을 하였다. 나이 아홉 살 되던 해에 길에서 성대한 차림으로 말을 타고 가는 한 현달한 관리를 만났다. 장혼이 나

---

* 명평자,「금대 이가환 시의 창작배경」,『한국사상과 문화』105, 한국사상문화학회, 2022, 20면.

붓집을 세워 놓고 앞으로 나아가 읍하고 안부를 묻는데, 부끄러워하거나 주저함이 없었다. 그 고관은 아버지와 오래 잘 알고 지내는 사이였다. 사람들이 그 일을 아주 기특하게 여겼다.*

장혼은 가난하여 서당에 다니지도 못하고 어머니에게 글을 배웠지만, 곧바로 글을 이해하고 외울 정도로 똑똑했다. 32세 때에는 교서관 사준(종8품, 교정직)이 되어 『율곡전서』, 『이충무공전서』, 『홍재전서』, 사서삼경 등 58여 종의 책들을 교정했다. 또한 장혼은 천수경과 함께 문학동호회인 옥계시사(후에는 송석원시사로 변경)를 결성하여 중추적 역할을 담당했다. 당시 그가 교류했던 시인들은 천수경을 비롯해서 김낙서, 조수삼, 왕태, 최북, 엄한붕 등 헤아릴 수 없이 많았다.

장혼이 저술하거나 편찬한 책은 현재까지 알려진 것만 해도 24종 수십 권에 이른다. 그 종류도 시문집이나 아동서, 역사, 생활상식 등 광범위한 분야에 걸쳐 있다. 특히 『아희원람』이나 『계몽편』, 『근휘편』, 『초학자휘』 등 아동용 교재를 많이 편찬했는데, 그중 『계몽편』 같은 것은 1913년부터 1937년까지 무려 10차례나 간행될 정도로 근대까지도 커다란 영향을 미쳤다. 또 교서관 사준을 그만둔 뒤로는 자기집 사랑방에 서당을

---

* 조희룡 지음, 위의 책, 112~113면.

차리고 편찬했던 아동용 교재를 가지고 직접 아이들을 가르치기도 했다. 장혼은 명실상부한 조선시대 아동교육의 선구자였던 셈이다.

이가환은 장혼을 비롯해서 중인층과 활발히 교유하며 『옥계청유권』, 『풍요속선』, 『아희원람』 등의 서문을 써주기도 했다. 『옥계청유권』 서문에서는 아래와 같이 백악산 아래의 옥계시사를 소개하고 그들의 시가 맑고 빼어나 후세에 전할 만하다고 극찬하였다.

> 서울 가운데 백악 아래 지역이 가장 외진데, 생계를 영위할 것이 드문 대신에 시내와 바위, 숲의 경물이 아름답다. 따라서 이곳에 사는 사람들은 생업에는 큰 관심이 없고 결사를 맺어 동료들과 운을 나누어 시 짓기를 좋아한다. 곧잘 맑고 빼어난 시가 지어져 후세에 전할 만하다. 이 시권은 그 중의 하나다.*

이가환은 『풍요속선』(위항시인의 시 700여 수를 모은 책)의 서문에서도 좋은 시는 곤궁하면서도 지위가 낮은 사람에게서 많이 나온다고 전제한 뒤, 이 시집은 사람들의 감흥을 일으키고, 세상을 관찰할 수 있으며, 위정자를 원망할 수도 있다고 했다. 끝

---

* 이용휴 · 이가환 지음, 위의 책, 174~175면.

으로 이 시집을 편찬한 천수경과 장혼은 모두 시에 조예가 깊은 사람이라고 치하하고 있다.[*]

장혼의 『아희원람』의 서문에서도 이가환은 이 책의 집필 동기와 내용을 밝힌 뒤에 '비록 사물에 능통한 선비라도 반드시 필요한 책이요, 지식이 없는 선비에게는 더욱 필요한 책이다'라고 하면서 당시의 선비라면 누구나 반드시 보아야 할 책이라고 강조하고 있다.[**]

『목민심서』에 나타난 정약용의 장애 복지론

다산 정약용(1762~1836)은 경제치용과 이용후생을 종합하여 실학을 집대성한 인물이다. 그는 장애문제에도 관심이 많아 다양한 장애인 복지론을 펼치는 한편 장애인의 현실에 대해서도 생생하게 들려주었다. 다산은 수령의 행정지침서인 『목민심서』 제5조 '관질(寬疾)'편에서 독질자(篤疾者)·폐질자, 즉 장애인은 노역(부역), 군역, 잡역 등 모든 국역을 면제시켜야 한다고 주장했다.

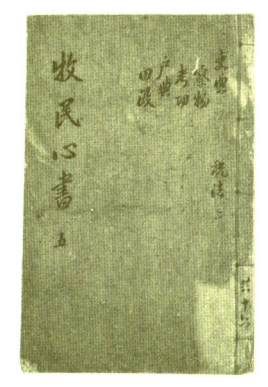

목민심서, 국립민속박물관

---

[*] 이용휴·이가환 지음, 같은 책, 177~179면.
[**] 이용휴·이가환 지음, 같은 책, 187~189면.

요즈음 수령들은 혹독하고 인자하지 못하다. 어떤 시골 아낙이 젖먹이를 안고 관가에 와서 "이 아이가 부엌에서 불에 데어 지금 손발을 못 쓰게 되었으니 새로 배정된 선무군관에서 관대히 면해주시길 비옵니다"라고 호소하자, 수령이 "밭 가운데 허수아비보다야 낫지 않겠느냐"라고 하며 들어주지 않았다. 이러고도 어찌 백성을 다스리는 사람이라 할 수 있겠는가? 무릇 장님·벙어리·절름발이·고자 같은 사람들은 군적에 올려서는 안 되고 잡역을 시켜서도 안 된다.*

장애인은 군역은 물론 기타 잡역을 부과해서는 안 된다는 것이다. 물론 이는 국법인 『경국대전』의 장애 복지법에 따른 것이었다. 『경국대전』 권4 병전 〈면역(免役)〉을 보면 독질, 폐질에 대해 규정한 다음, 그들에게 군역과 신역을 면제해주고 시정(활동지원사)을 제공한다고 명시하고 있다.

군사로서 나이 60살이 된 사람, 독질과 폐질에 걸린 사람은 모두 군역을 면제한다(대체로 다른 신역의 경우도 마찬가지이다).**

독질과 폐질에 걸린 부모를 모시고 있는 아들 1명은 군역을

---

* 정약용 지음, 다산연구회 역주, 『목민심서』2, 창비, 2009, 75면.
** 윤국일 옮김, 『신편 경국대전』, 신서원, 1998, 400면.

면제한다.*

독질과 폐질에 걸린 사람, 즉 장애인은 군역을 비롯한 일체의 신역을 면제하고, 그러한 장애 부모를 모시고

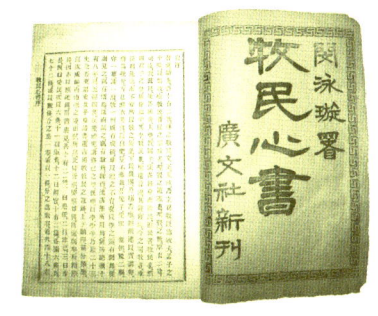

목민심서, 1901년 광문사 간행본

있는 아들도 군역을 면제시켜 '시정'으로 삼는다는 것이다. 또한 다산은 "귀머거리나 고자는 자신의 노력으로 생계를 이어갈 수 있으며, 장님은 점을 치고, 절름발이는 그물을 엮어서 살아갈 수 있지만, 기타 폐질자나 독질자는 구휼해주어야 한다."라고 하면서 장애 복지에 있어서 자립 생활의 원칙과 구제 정책을 적절히 써야 한다고 했다. 기본적으로 장애인도 직업을 갖고 제힘으로 먹고살도록 하되, 중증 장애의 경우 국가에서 직접 구제해야 한다는 것이다. 다산은 『다산시문집』 18권 〈아들 학유가 떠날 때 노자 삼아 준 가계〉라는 편지글에서도 아래와 같이 장애인의 자립 생활을 주장했다.

> 옛날의 선왕들은 사람을 임용하는 데 지혜가 있었다. 소경에게는 음악을 살피게 하고, 절름발이에게는 대궐문을 지키게 하며, 환관들로 하여금 궁중을 출입케 하였으며, 곱사등

---

* 윤국일 옮김, 위의 책, 401면.

이·폐질자·병자 등의 쓸모없는 무리들까지도 적당한 임무를 맡겼으니, 이것은 깊이 생각해볼 일이다.*

사람은 각기 맡은 바 일을 하면서 살아야 하는데, 장애인의 경우도 소경은 음악, 절름발이는 대궐문 지키기, 심지어 곱사등이나 중증 장애인까지도 적당한 임무를 맡겨 스스로 먹고 살도록 해야 한다는 것이다. 다만 의지할 데가 없는 장애인에게는 시정(활동지원사)을 제공하고, 의지할 곳이 없어 떠도는 사람에게 동서대비원 같은 보호시설을 지어 머물도록 해야 한다고 주장했다.

> (직업이 없이 떠돌며 빌어먹는) 장님·절름발이·곱배팔이·나환자 등은 사람들이 천하게 여기고 싫어한다. 관아에서는 육친이 없고 안주할 곳이 없어서 떠도는 이들을 보호하고, 그 친척들을 타일러 이들이 편히 머물 곳을 마련해주어야 한다. 친척이 하나도 없어서 어디 의지할 곳이 전혀 없는 자들은 고향 마을에 있는 덕망 있는 이를 골라 보호하도록 하되(시정) 잡역을 덜어 그 비용을 대신하게 해준다. 송나라 사람 여숭귀가 강주태수로 있을 때 바람과 눈이 크게 일어나자, 그는 눈보라를 무릅쓰고 강정으로 가서 몸소 살펴보아 사람마다 돈과 쌀을 나누어주고, 거지들에게는 닥종이로 만든 이불을

---

* 정약용 지음 · 다산연구회 역주, 『다산시문집』Ⅶ, 민족문화추진회, 1986, 28면.

지급하였으며, 병자들은 안양원을 더 지어 수용하였다.*

일정한 직업이 없이 거리에 떠돌며 빌어먹는 장애인은 사람들이 천하게 여기고 싫어하는 바이니, 관아(국가)에서는 시정(활동지원사)을 제공하여 보호하게 하고, 중국 송나라의 안양원 같은 보호시설을 지어 수용토록 해야 한다는 것이다. 물론 여기서의 시정이나 안양원(동서대비원)도 『경국대전』의 장애 복지법에 따른 것이었다.

〈소경에게 시집간 여자〉: 장애 현실의 보고

다산은 장애 현실에 대해서도 다양하고 리얼하게 들려주고 있다. 바로 위의 『목민심서』에서도 "장님 · 절름발이 · 곰배팔이 · 나환자 등은 사람들이 천하게 여기고 싫어한다"라고 하면서, 조선 후기 사람들도 일정한 직업이 없이 떠돌며 빌어먹는 장애인에 대해선 천시

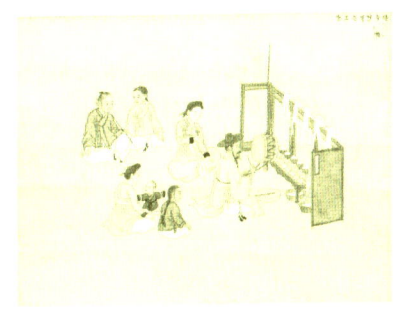
김준근, 판수경닉는 모양, 국립민속박물관

---

* 정약용 지음 · 다산연구회 역주, 위의 책, 76면.

하고 곱지 않은 시선을 보였음을 알려주고 있다.

조선 후기 사람들의 장애에 대한 곱지 않은 시선, 즉 부정적 인식은 1801년 다산이 강진에서 유배살이를 할 때 직접 목격하고 쓴 서사시 〈소경에게 시집간 여자〉에서도 잘 나타나 있다.

어떤 꽃다운 얼굴의 여자가 승복 차림을 하고 울면서 관가로 끌려가고 있었다. 다산이 사연을 물으니 그 어미가 대신 말해주었다.

> 저 아이 본래 강진 사람이온데
> 어려서부터 읍내서 살았지요.
> 지금 나이 열여덟 살인데
> 참으로 팔자도 기구합니다.
> 시집이라고 간 것이 판수네라
> 소경은 성질까지 고약하여
> 우리 아이 삭발하고 중이 된 것은
> 곧 그 굴레를 벗어나기 위함이지요.
> 소경이 관가와 결탁하여 고발하니
> 붙잡으러 나오길 바람보다 빠릅디다.*

---

* 임형택 편역, 『이조시대 서사시』하, 창비, 1992, 197면.

18살의 딸이 판수에게 잘못 시집갔다가 도망쳐서 중이 되었는데, 그 소경이 관가에 고발하여 붙잡혀 가는 길이라는 것이다. 다산이 하고 많은 준수한 신랑감은 다 놔두고 왜 하필 눈먼 소경에게 시집을 갔느냐고 묻자, 어미가 다시 주정뱅이 남편이 중매장이에게 속아 딸이 나이 많고 이미 두 번씩이나 결혼한 소경에게 잘못 시집간 사실을 자세히 들려준다.

소경은 이미 나이가 많아
칠칠이 사십구 마흔아홉이라오.
전에 벌써 두 번 초례를 치러
내 아이는 이제 세 번째 여자라.
초취에서 두 딸을 낳고
재취에서 아들 하나를 두어
사내자식도 이미 다 큰 아이요.
작은 딸이 지금 스물세살이랍니다.
차라리 구렁창에 버릴지언정
이런 소경에게 시집보낼리 있으리까.
저 아인 부모를 잘못 만난 탓이니
우리 영감이 본래 주정뱅이거든요.
아름다운 꿩이 개에 물린 격이라
한탄한들 이제 무슨 소용 있으리까.
중매장인 돈을 많이 먹고서
말을 공교히 하는데.*

조선시대 판수들은 점복과 독경으로 꽤 많은 돈을 벌었는데, 위의 판수도 아내를 돈으로 사서 세 번씩이나 결혼할 정도로 제법 부유하게 살았던 듯하다. 하지만 그 딸은 눈멀고 나이 든 남편, 특히 점치고 경을 읊는 판수일을 죽기보다 싫어했다. 게다가 전처 자식들의 고자질과 거짓말로 소경의 언어적, 물리적 가정폭력도 날이 갈수록 심해졌다.

> 딸아이 눈물 머금고 대답하되
> 저는 참으로 운명이 사납나 봐요.
> 그 사람 눈을 들어 보기만 해도
> 저는 혼이 벌써 내닫는데
> 어떻게 의탁할 생각이 들겠나요.
> 아무리 마음을 돌리자 해도
> 탄환에 한번 놀랜 참새 같은걸요.
> 제 본디 점치는 건 죽어라 싫어하잖아요.
> 때때로 무슨 일만 났다 하면
> 급급히 산통을 흔들어대며
> 외우는 소리 귀에 시끌시끌**
>
> 그는 또 성질이 재물에 어찌나 인색한지

---

* 임형택 편역, 위의 책, 198면.
** 임형택 편역, 같은 책, 203면.

> 곡식 한 홉 가지고도 화를 버럭 내고
> 게다가 두 딸의 고자질 얼마나 교묘한지
> 고약한 품이 늑대 같고 호랑이 같아
> 밤낮으로 없는 말 지어내어
> 살살 꼬아바쳐 눈먼 아비 충동이는데*

결국 딸은 두 번씩이나 도망쳐서 산중의 암자에 들어가 중이 되었지만, 판수가 관가에 고발하여 지금 또다시 붙잡혀 가고 있다는 것이었다. 이에 다산을 비롯한 구경하던 사람들이 "애처롭구나, 저 아리따운 여자. 어쩌다가 늙은 소경의 짝이 되었는가."라고 너나없이 혀를 차며 안타까워했다. 이처럼 다산은 나이 든 판수에게 잘못 시집간 18살 여자의 사연을 통해 조선 후기 일부 사람들의 시각 장애인에 대한 부정적인 인식을 생생하게 들려주고 있다.

병든 아내를 돌보며 사는 예인 장천용

다산은 조선 후기 가족들의 장애 돌봄, 특히 남편의 장애 아내의 돌봄에 대해서도 사실적으로 보도하고 있다. 대표적으로 『여유당전서』 17권 전(傳) 〈장천용전〉과 『다산시문집』 3권

---

* 임형택 편역, 같은 책, 204면.

시 〈천용자가〉의 주인공 장천용을 들 수 있다. 장천용은 거문고나 가야금, 통소, 피리 등 각종 악기뿐만 아니라 그림에도 뛰어난 예술가였다. 하지만 웬일인지 세상에 알려지기를 싫어하는 기이한 인물이었다. 그 이유는 아마도 병든 아내의 괴팍한 성품 때문이 아니었을까 한다. 다음은 〈장천용전〉과 〈천용자가〉에 실려 있는 그 아내의 모습이다.

> 장천용의 아내는 외모가 못생긴데다 일찍부터 중풍을 앓아 길쌈도 못하고 바느질도 못하고 부엌일도 못하고 자식도 못 낳았다. 성품 또한 좋지 않아 항상 누워있으면서 장천용에게 싫은 소리를 해댔지만, 장천용은 조금도 변함없이 돌보아 주었으므로 이웃 사람들이 모두 기이하게 여겼다.*
> 돌아와 방에 드니 아내의 싫은 소리
> 박박대며 땅을 치고 하늘에 호소하고 가슴을 두들기니
> 천용자는 묵묵부답
> 고개 숙이고 찌푸린 눈썹 공손한 자세로세.**

첫 번째에선 장천용의 아내가 중풍으로 자리보전하면서 집안일도 못하고 성품마저도 좋지 않아 항상 싫은 소리를 해대었지만, 그는 조금도 변함없이 아내를 돌봐주었다는 것이다.

---

* 박혜숙, 『다산의 마음』, 돌베개, 2008, 155면.
** 정약용 저, 『국역 다산시문집』 II, 민족문화추진회, 1994, 127면.

두 번째에서도 병든 아내가 싫은 소리를 해대며 닦달했지만, 그는 말없이 고개를 숙이고 공손한 자세로 받아들였다는 것이다. 이렇게 억눌리고 답답한 심정을 장천용은 집을 나와 술과 음악, 그림, 여행 등으로 풀었던 듯하다. 물론 그럴수록 아내의 닦달은 더욱 심해져 갔다.

장천용은 여자와 관련된 그림은 절대로 그리지 않았고, 술로 그날그날을 만족하고 살았으며, 자신의 이름이 세상에 알려지는 것도 싫어했다. 그만큼 병든 아내를 돌보며 사는 인생이 고통스럽고 힘들었던 것이다. 또 자신의 이름이 세상에 알려지면 그만큼 사람들에게 많이 불려 다니고, 그럴수록 병든 아내의 닦달은 더욱 심해졌기 때문에, 자꾸만 재주를 숨기고 도망가려고 했던 것이다.

> 팔이 잘린대도 부녀자는 그리지 않고
> 모란꽃 작약꽃 붉은 연꽃도 그리지 않는다네
> 또 그림 팔아 술값으로 쓰지마는
> 그날 벌어 그날에 맞게 쓴다네
> 자기 성명 관가에 알려질까 두려워서
> 알리려고 하는 자 있으면 노기발발 서슬이 시퍼렇다네*

---

* 정약용 저, 위의 책, 128면.

이와 같이 조선은 기본적으로 자급자족적 가족사회였기 때문에 남편도 가족 돌봄의 주체가 될 수밖에 없었고, 그들 역시 장애 아내의 육체적 고통 못지않게 정신적으로 고단한 삶을 살았다. 다만 여자와 달리 남자들은 집 밖에 나가 조금이나마 스트레스를 풀 수 있는 기회가 있었을 뿐이다.

〈노인일쾌사〉: 노화에 대한 긍정적 인식

끝으로 다산은 『다산시문집』 6권 〈노인의 한 가지 쾌사에 관한 시 여섯 수를 백향산의 시체를 본받아 짓다〉라는 장편시에서 고령 장애, 즉 노화에 따른 몸의 기능 손상에 대한 긍정적 의식을 표현하고 있다.

사람들은 늙어서 머리카락이 없는 민둥머리가 되고, 이가 빠져 합죽이가 되고, 눈이 어두워지고, 귀가 먹게 되고, 글도 잘 못 쓰고, 손님과 바둑도 두지 못하게 되는 것을 싫어하고 두려워한다. 하지만 다산은 늙어서 몸이 못 쓰게 되는 것을 오히려 긍정적으로 해석한다. 대표적으로 눈이 어두워져 시각 장애를 입게 되면 더 이상 경전의 작은 글씨를 보며 힘들게 연구하지 않아도 된다고 했다.

늙은이의 한 가지 유쾌한 일은
눈 어두운 것 또한 그것이라
다시는 예경 주소 따질 것 없고

다시는 주역 괘사 연구할 것도 없어
평생 동안 문자에 대한 거리낌을
하루아침에 깨끗이 벗을 수 있네*

또 귀가 먹게 되면 세상의 시비 다툼은 듣지 않아도 되고, 헛된 칭찬이나 모함에 빠지지도 않게 된다고 했다.

늙은이의 한 가지 유쾌한 일은
귀 먹은 것이 또한 그 다음이로세
세상 소리는 좋은 소리가 없고
모두가 다 시비 다툼뿐이나니
헛칭찬은 하늘에까지 추어올리고
헛모함은 구렁텅이로 떨어뜨리며
예악은 사라진 지 오래이어라**

고령의 장애는 한없이 불편한 것일 수도 있지만, 어찌 보면 세상에 초연해져 마음 편히 살 수도 있다는 것이다. 모든 건 생각하기 나름이라는 조선시대 사람들의 유심론적 장애관을 다시금 확인할 수 있다. 물론 이는 더 이상 어찌할 수 없는 상황에서 고령의 장애를 체념하고 순순히 받아들이는 것일 수도 있다.

---

* 정약용 저, 『국역 다산시문집』Ⅲ, 민족문화추진회, 1994, 141~142면.
** 정약용 저, 위의 책, 1994, 143면.

단점을 버리고 장점을 쓴다면 천하에 못쓸 재주가 없다면서 장애인까지 모두 일자리를 갖도록 해야 한다고 주장했다. 그래야만 장애인이 세상에서 당당하게 살 수 있고, 남들도 그들을 무시하지 않고 정당하게 대우하기 때문이다.

4

**이용후생파의
선진적인 장애사상**

홍대용의 자립적 장애 복지론

이용후생파는 18세기 후반 홍대용, 박지원, 이덕무, 박제가, 유득공, 서호수와 서유구를 비롯한 달성서씨 집안 사람들을 중심으로 성립된 실학파를 말한다. 이들은 백성들이 빈곤을 극복하고 잘 살기 위해선 상업을 진흥시키고, 수레나 배 등의 기술을 개발하며, 중국의 선진문물을 수용해야 한다고 주장했다.* 이들도 앞의 경세치용파처럼 시대를 앞서가는 선진적인 장애 복지론과 장애관을 갖고 있었으며, 장애 인물들과 신분 및 나이를 초월한 폭넓은 교유 관계를 맺었다.

홍대용(1731~1783)은 18세기 중반 이용후생파 실학자이자 과학사상가였다. 그는 당시 팽배해 있는 사회적 허위의식을 비판하고 백성의 실생활에 쓸모 있는 이용후생학을 주장했다. 특히 중국의 선진문물과 서양의 과학기술을 적극적으로 수용코자 했다. 그는 15책의 시문집 『담헌서』를 남겼는데, 내·외편으로 나뉘어 실학사에서 중요한 저서들을 많이 담고 있다. 대표적으로 〈임하경륜〉은 홍대용의 세상을 다스리고 백성을 구제하는 방안이 제시되어 있는 논저로, 행정조직과 통치기구, 관제, 전세, 교육, 인사제도, 군사 등에 이르기까지 다양한 정치 개혁론이 제시되어 있다. 〈의산문답〉은 가상 인물인 허자와 실옹의 대화 형식을 통해 지구설, 지구자전설, 우주무한론 등과

---

*   『실학박물관』, 2010, 96면.

같은 그의 자연관과 과학사상이 제시되어 있다. 이밖에도 홍대용은 대수학, 기학학 등 수학 전반을 정리한 〈주해수용〉을 저술하였다.*

홍대용은 장애 복지, 특히 직업과 일(노동)에 대해서도 획기적인 주장을 펼쳤다. 그는 장애인도 모두 일자리를 갖고 제 힘으로 먹고살도록 해야 한다고 주장했는데, 이러한 홍대용의 자립적 장애 복지론은 『담헌서』 내집 4권 보유 〈임하경륜〉에 잘 나타나 있다.

> 대개 인품에는 고하가 있고 재주는 장·단점이 있다. 그 고하에 따라 단점을 버리고 장점만 쓴다면, 천하에 못 쓸 재주가 없을 것이다. 면(面)에서 가르치는 데는 그중 뜻이 높고 재주가 많은 자는 위로 올려 조정에서 쓰도록 하고, 자질이 둔하고 용렬한 자는 아래로 돌려 들판에서 쓰도록 하며, 그중 생각을 잘하고 솜씨가 재빠른 자는 공업으로 돌리고, 이윤에 밝고 재물을 좋아하는 자는 상업으로 돌리며, 꾀를 좋아하고 용맹이 있는 자는 문 지키는 데로 돌리며, 심지어 벙어리와 귀머거리·앉은뱅이까지 모두 일자리를 갖도록 해야 한다. 그리고 놀면서 입고 먹으며 일하지 않는 자는 나라에서 벌주고 향당에서도 버려야 한다.**

---

*   『실학박물관』, 2010, 97면.
** 민족문화추진회, 『홍대용 담헌서』, 한국학술정보, 2008, 160면.

비록 짧지만 장애 복지, 특히 직업과 일(노동)에 관한 탁월한 견해가 담겨 있다. 그는 먼저 단점을 버리고 장점을 쓴다면 천하에 못쓸 재주가 없다면서, 시각·언어·청각·지체·성기능 장애인 등까지 모두 일자리를 갖도록 해야 한다고 주장했다. 그래야만 장애인이 세상에서 당당하게 살 수 있고, 남들도 그들을 무시하지 않고 정당하게 대우하기 때문이다. 어쩌면 이것이야말로 장애 복지의 가장 현실적이고 핵심적인 방안이 아닐까 한다.

중도 시각 장애인 황윤석과의 교유

홍대용은 장애 인물과도 교유했는데, 대표적으로 이재 황윤석을 들 수 있다. 황윤석(1729~1791)은 전라도 고창 출신으로, 그의 집안은 학문과 덕망이 있는 명문가였다. 5살부터 처음으로 조모에게 글을 배우기 시작했는데, 7~8살에 이미 글을 지을 줄 알았고, 12살에 경전을 모두 읽었다고 한다. 14살에는 이학에 뜻을 두어 16살에 〈이수신편〉을 편찬하기 시작했다. 28~29세에 부친의 명으로 경기도 남양주에 있는 미호 김원행을 찾아뵌 이후 31세에 정식으로 제자가 되어 주자학, 역학, 율려, 상수학, 자연과학에 이르기까지 두루 수학했다.* 이로부터

---

*   한국철학사연구회, 앞의 책, 161면.

홍대용을 비롯한 이덕무, 박지원, 박제가 등 서울의 북학파 실학자들과도 교유하게 되었다.

황윤석은 31세에 진사시에 합격하고, 36세엔 정시에 응시하여 성균관에 들어가 주역을 읽었다. 그는 성균관에 있는 동안 여러 가지 질병으로 고통을 겪었는데, 극심한 현기증뿐 아니라 안질로 인해 시력 장애를 얻기도 했다.* 37~38세부터는 아래와 같이 본격적으로 안질이 심화되어 노년인 59세(1787)에는 두 눈이 거의 보이지 않는 시각 장애인이 되었다. 심지어 글씨마저 쓸 수 없어 서수(書手)를 시켜 대신 쓰게 할 정도였다.

> 을유(1765), 병술(1766) 년간에 선조의 행장을 지어 두어 달 만에 완성했는데, 비로소 하나가 둘로 보이는 안질이 생겼다. 이로부터 달을 보면 달이 두세 조각으로 보이고, 별을 보면 별이 일자 모양으로 보이고, 사람을 보면 한 사람이 두 사람으로 보였다. (……) 금년(1787) 여름 벼슬을 그만두고 고향으로 돌아오니 날로 달로 더하여 11월 초 1일부터는 왼쪽 눈이 비로소 완전히 어두어진 것을 느끼게 되었고, 보름 후에는 오른쪽 눈도 차례로 밝지 않게 되었다. 스스로 생각해보니 이것은 40년 손상이 쌓여서 빌미가 된 것이다. 내가 어렸을 때 전라도 영광의 사주를 잘 보는 유노인이 나의 대자미

---

* 강신항 외, (이재난고로 보는)『조선지식인의 생활사』, 한국학중앙연구원, 2007, 253면.

명격(人露黴論格)을 들었는데 "만년에 반드시 실명할 것이다"라고 하였으니 천명이 그러하니 다시 무엇을 탓하리오.*

황윤석이 시력을 잃어가는 과정이 잘 나타나 있다. 왼쪽 눈과 오른쪽 눈이 차례로 어두워져 갔는데, 특이하게도 황윤석은 그것을 장애로 인식하지 않고 다만 안질(눈병)이 심화된 것으로 생각하고 있다.

더욱 흥미로운 점은 황윤석의 시력이 본격적으로 나빠지던 38세(1766) 때 영조는 그에게 장릉 참봉을 제수했다. 스승 김원행이 '호남의 호걸선비'라고 칭찬할 정도로 그의 학문적 열의와 능력이 뛰어났기 때문에, 영조는 특별히 은일로 추천받아 임명했던 것이다. 영조가 승하하고 정조가 즉위한 뒤에도 황윤석은 50세 사복시 주부, 51세 목천 현감, 56세 장악원 주부, 58세 전생서 주부, 전의 현감 등의 벼슬에 제수되었다. 또한 황윤석은 13세부터 63세로 세상을 떠나기 전까지 무려 54년 동안 쓴 일기인 『이재난고』를 남겼는데, 그의 통섭적 실학사상이 총망라되어 있다. 현재 52권 57책이 전하는데, 전라북도 무형문화재 111호로 지정되어 있다.

---

* 강신항 외, 위의 책, 197면, 재인용.

조선 최고의 장애사상가, 연암 박지원

연암 박지원(1737~1805)은 이용후생파 실학자이자 조선 후기 최고의 문장가였다. 연암은 노론 명문거족 출신이었지만, 조부 박필균이 워낙 청빈한 생활을 강조했기 때문에 집안은 늘 가난을 면치 못하였다. 심지어 책을 펴 놓고 공부할 곳조차 없었다. 연암은 16살에 처사 이보천의 딸 전주 이씨와 결혼한 뒤, 비로소 처가의 도움으로 공부를 하기 시작했다. 장인 이보천에게 『맹자』를 배우며 본격적으로 학문에 정진했고, 이보천의 아우 이양천에게는 사마천의 『사기』를 배우며 문장 짓는 법을 터득했다. 또 처남 이재성은 자신보다 14살 아래였지만, 연암은 그를 마치 친구처럼 대하였다. 이재성은 빼어난 비평적 안목으로 평생 연암의 글에 충실한 조언자가 되어 주었다.

연암은 과거 급제에 별로 관심을 두지 않았다. 과거에 응시하긴 했지만, 아예 답안지를 제출하지 않거나 엉뚱하게 답안지에다 그림을 그려놓고 나오곤 했다. 대신 실학자이자 문장가로 세상에 이름을 떨쳤다. 저서 『열하일기』, 『연암집』 등에서처럼 명문장으로 북벌론이나 양반의식 같은 사회적 허위의식을 비판하

박지원 초상, 실학박물관 소장

는 한편, 사람들의
실생활에 도움이
되는 이용후생학을
주장했다.

연암의 삶에
서 가장 큰 특징은
폭넓은 교유 관계

탑동연첩, 서울역사박물관 소장

를 들 수 있다. 다산 정약용은 유배 생활을 오래한 탓인지 교유 관계가 그리 넓은 편은 아니었다. 반면에 연암은 18세기 중후반 한양의 한복판인 탑골에 살면서 신분과 나이, 빈부, 당파를 초월한 폭넓은 교유 관계를 맺었다. 특히 연암은 22세경 탑골 근처에 살면서 노론 명문가의 자제인 홍대용, 정철조, 이서구 등은 물론 서얼 출신인 박제가, 이덕무, 백동수, 유득공 등과도 스스럼없이 어울려 지냈다. 또 21세 때 지었다는 『방경각외전』 9편의 전 작품들을 보면 여항의 거간꾼, 분뇨장수, 이야기꾼, 비렁뱅이 등 하층민과도 격의 없이 지냈음을 알 수 있다.

이러한 개방적이고 자유로운 인간관이 그의 장애관에도 영향을 미친 듯하다. 지금까지 우리는 전혀 주목하지 못했지만, 연암은 당시의 장애 문제에 대해서도 여러 군데에서 언급했을 뿐 아니라 그 관점과 방법도 남달랐다. 그는 대개 원뜻은

---

* 정창권, 『정조처럼 소통하라』, 사우, 2018, 124~126면.

숨기고 유희나 암시로 나타내는 은유의 방법으로 올바른 장애관을 제시하였다. 이를 보면 그는 과연 조선 최고의 장애 사상가라고 해도 과언이 아니었다.

장애는 상대적인 것이다

연암은 장애란 보는 관점에 따라 달라진다고 했다. 장애는 고정불변의 절대적인 것이 아니라 상황이나 입장에 따라 얼마든지 달라지는 그야말로 상대적인 것이라는 뜻이다. 장애에 대한 연암의 상대주의적 인식론은 『열하일기』의 〈막북행정록〉과 〈환희기〉, 『연암집』의 〈답창애2〉, 〈낭환집서〉 등의 시각 장애인 이야기에 잘 나타나 있다. 대표적으로 『열하일기』의 〈막북행정록(북경에서 북으로 열하를 향해)〉을 살펴보자.

연암이 한밤중에 말을 타고 강을 건너가게 되니 매우 위험한 상황이었다. 이에 곁에 있던 통역관의 책임자인 수역관이 "옛날에 위험한 것을 말할 때 맹인이 애꾸눈의 말을 타고 한밤중에 깊은 연못가를 가는 것이라고 했는데, 정말 오늘밤 우리들의 일을 두고 말하는 것 같습니다."라고 말했다. 하지만 연암은 "그게 위험하다고 생각한다면 위험할 수도 있겠으나, 정말 위험을 잘 알고 있다고는 말할 수 없을걸"이라고 했다. 수역관이 다시 "무엇 때문에 그렇다는 말입니까?"라고 묻기에, 연암이 "맹인을 보는 사람은 멀쩡하게 눈이 있는 사람들일세. 맹인을 보는 사람들이 자기 스스로 마음속으로 위태롭다고 느끼는 것일 뿐이지, 맹인 스스로야 위험을 아는 것이 아니네. 맹인의 눈은 위험한 것을 볼 수 없는데 무슨 위험이 있단 말인가?"라고 하고는, 서로 크게 웃었다.*

맹인을 보는 사람이 마음속으로 위태롭다고 느낄 뿐, 정작 앞을 보지 못하는 맹인은 자신의 위험을 알지 못한다는 것이다. 다시 말해 장애 당사자는 아무런 문제가 없는데, 그를 바라보는 사람들이 문제가 있다고 생각한다는 것이다. 결국 장애란 절대적인 것이 아닌 사람마다 어떻게 보느냐에 따라 달라지는 상대적인 것이라는 뜻이다.

겉모습보다 내면을 보라

연암은 또한 겉모습보다 내면, 즉 마음이나 덕, 본질을 보라고 했다. 우선 연암은 『방경각외전』의 〈광문자전〉에서 광문이 겉으론 저잣거리에서 빌어먹고 다니는 못생긴 걸인처럼 보이지만, 실제론 의로운 사람이자 노래나 춤, 연주도 잘하는 숨겨진 재주꾼이라 했다. 〈예덕선생전〉에서도 엄행수는 똥 푸는 사람으로 겉으론 불결해 보이지만, 실제론 꼭 필요한 존재이자 덕이 높은 사람이라고 했다. 『연암집』의 〈소완정기〉에서는 방 안에 있는 물건을 찾기 위해선 오히려 방 밖에서 들창에 구멍을 내고

---

* 박지원 지음, 김혈조 옮김, 『열하일기』1, 돌베개, 2017, 525~526면.

한쪽 눈으로만 집중해서 보면 잘 보이는데, 그보다 더욱 좋은 방법은 눈으로 보지 말고 마음으로 보아야 한다고 했다.

이는 장애에 대해서도 마찬가지라고 할 수 있다. 『열하일기』의 〈도강록(압록강을 건너며)〉에서는 아래와 같이 석가여래의 평등한 눈처럼 맹인의 눈이야말로 진정 평등한 눈이라 했다.

> 친구 덕보 홍대용이 언젠가 "그 규모는 크고, 기술은 세밀하다"라고 말한 적이 있는데, 책문은 중국 동쪽의 가장 끝인데도 오히려 이와 같다. 길을 나아가며 유람하려니 홀연히 기가 꺾여, 문득 여기서 바로 집으로 되돌아갈까 하는 생각이 들어 나도 모르게 온몸이 부글부글 끓어오른다. 나는 깊이 반성하며, '이는 질투하는 마음이로다. 내 평소 심성이 담박하여 무얼 부끄러워하거나 시샘하고 질투하는 것을 마음에서 끊어 버렸거늘, 지금 남의 국경에 한번 발을 들여놓고 본 것이라곤 만분의 일에 지나지 않는 터에 이제 다시 망령된 생각이 이렇게 솟는 것은 무슨 까닭인가? 이는 다만 나의 견문이 좁은 탓이리라. 석가여래의 밝은 눈으로 이 시방세계를 두루 본다면 평등하지 않을 것이 없을지니, 만사가 평등하다면 본래 투기나 부러움도 없을 것이로다.'
> 라고 생각했다. 하인 장복을 돌아보며,
> "장복아. 네가 죽어 중국에서 다시 태어나게 해준다면 어떻겠느냐?"
> 하고 물으니, 장복은,

"중국은 되놈의 나라입니다. 소인은 싫사옵니다."
라고 대답했다.
잠시 뒤 한 맹인이 어깨엔 비단주머니를 걸치고 손으로는
월금이가를 타며 지나갔다. 이를 보고 내가 크게 깨달아,
"저 맹인의 눈이야말로 진정 평등한 눈이 아니겠느냐?"
하였다.*

　석가여래의 평등한 눈으로 세상을 본다면 만사에 투기나 부러움이 없을 것이다. 맹인도 눈이 보이지 않기 때문에 질투나 편견이 없으므로 그러한 부처의 평등안과 같다는 것이다.
　『연암집』의 〈염재기〉에서도 어느 날 송욱이 술에 취해 자고 일어나 정신분열증이 걸렸는데, 연암은 그가 미쳤지만 미친 게 아니라고 했다. "저 송욱은 미치광이기는 하지만 그 또한 스스로 노력하는 자이다."라는 지적처럼, 비록 겉으로는 미치광이처럼 보이기는 하지만 실제로는 자신을 찾으려고 애쓰는 자라고 했다.

장애에 대해 직설적으로 말하라

　연암은 장애에 대해서도 에둘러 표현하지 말고 직설적으로 말하라고 했다. 이는 연암의 벗 유언호의 문집에 서문으로

---

*　박지원 지음, 김혈조 옮김, 위의 책, 68~69면.

써준 〈우부초서〉에 잘 나타나 있다. 우리나라 사람들은 예(인정)를 중시하여 뭐든지 직설적으로 말하지 않는 버릇이 있다고 한다. 장애에 대해서도 마찬가지인데, 아래와 같이 직접적으로 말하지 않고 완곡하게 에둘러 말한다는 것이다.

> 무릇 귀가 먹어 들리지 않는 사람을 가리켜 '귀머거리'라 부르지 않고 '소곤대기를 좋아하지 않는 사람'이라 하며, 눈이 흐려 보이지 않는 사람을 가리켜 '장님'이라 부르지 않고 '남의 흠집을 보지 않는 사람'이라고 하며, 혀가 굳고 목소리가 막혀 말을 하지 못하는 사람을 가리켜 '벙어리'라 부르지 않고 '남 비평하기를 좋아하지 않는 사람'이라고 한다. 또 '등이 굽고 가슴이 튀어나온 사람'(곱사등이)을 가리켜 '아첨하기 좋아하지 않는 사람'이라고 한다. 혹이 달린 사람을 가리켜 '중후함을 잃지 않은 사람'이라고 한다. 심지어 네 발가락이나 여섯 손가락, 절름발이나 앉은뱅이처럼 비록 육체는 병신이지만 덕에는 해가 될 것이 없는 사람에 대해서도 오히려 둘러대어 말할 것을 생각하고 곧바로 지적하여 말하는 것을 꺼린다. 하물며 '어리석다'고 하는 말은 소인의 덕이요, 변화될 수도 없는 성품임에 있어서랴. 천하에 치욕스러움이 이보다 심한 것이 없다.*

---

* 박지원 지음, 신호열·김명호 옮김, 『연암집』하, 돌베개, 2007, 59면.

비록 몸에 장애가 있기는 하지만 덕(내면)에는 해가 될 것이 없음에도 불구하고 자꾸만 둘러대어 표현하는데, 이는 본질의 왜곡이요 과도한 친절이며, 천하의 치욕스러움이 이보다 심한 게 없다는 것이다.

연암의 벗 유언호는 그렇지 않고 설령 원망과 노여움을 사더라도 직설적으로 말한다고 했다. 그러면서 연암은 장애에 대해 직설적으로 말하기를 두려워하면 나중에 가서는 지혜롭고 총명하게 대처하지 못하고 자신을 숨기기에 급급해할 것이라고 한다. 결국 연암은 장애에 대해 에둘러 표현하지 말고 솔직하고 직설적으로 말하라고 했다. 요즘 우리는 조선시대 몸의 형상을 본딴 장애 표현에 대해 무조건 부정적으로 보며 민감하게 반응하고 있는데, 이러한 연암의 주장을 다시 한번 되새겨 볼 필요가 있다.

장애에 구애받지 말고 살아라

연암은 장애인 당사자도 '장애'에 구애받지 말고 살아가라고 했다. 이는 『연암집』의 〈발승암기〉에 잘 나타나 있다. 연암이 금강산을 유람할 때 낭떠러지의 바위틈에서 '김홍연'이란 이름을 발견한다. 그후 전국 명산을 유람할 때도 가는 곳마다 외진 곳에 그의 이름이 새겨져 있는 것을 발견한다. 연암은 화가 나서 욕을 했다.

"김홍연이 어떤 작자길래 감히 이다지도 당돌한가?"

하루는 김홍연의 행적을 아는 사람이 그의 과거사를 들려주었다.

> "김홍연은 바로 왈짜인데, 왈짜란 항간에서 방탕하고 물정 모르는 자를 일컫는 말로서, 이른바 검사, 협객의 부류와 같소. 그는 젊은 시절에 말달리기, 활쏘기를 잘하여 무과에 급제했고, 힘도 능히 호랑이를 죄어 죽일 만하며, 기생 둘을 양옆에 끼고 두어 길 되는 담장을 뛰어넘을 수도 있었다오. 녹록하게 벼슬 구하기를 즐겨하지 않았으며, 집이 본래 부유해서 돈 쓰기를 더러운 흙같이 하였다오. 고금의 법서, 명화, 칼, 거문고, 이기, 기이한 화초들을 널리 수집했으며, 한번 맘에 드는 것을 만나면 천금도 아끼지 않아 준마와 이름난 매가 늘 그의 좌우에 있었지요. 이제는 늙어서 백발이 되자 송곳과 끌을 주머니에 넣고 명산을 두루 노닐어 이미 한라산을 한 번 들어갔고, 장백산(백두산)을 두 번이나 올랐는데, 그때마다 자신의 이름을 손수 돌에다 새겼으니, 후세 사람들로 하여금 이 사람이 있는 줄을 알게 하려는 것이라 하오."[*]

김홍연은 젊은 시절 왈자로서 방탕하게 살았고, 집안이 부

---

[*] 박지원 지음, 신호열·김명호 옮김, 『연암집』상, 돌베개, 2007, 124면.

유해서 돈 쓰기를 물 쓰듯 하였으며, 늙어서 자신의 이름을 후세에 남기고자 전국 명산에 자기 이름을 새기고 다녔다는 것이다.

그로부터 9년 후 연암은 평양에서 우연히 김홍연을 만났는데, 늙어서 폐질인, 즉 장애를 입어 절에 의지하고 살아가므로 스스로 호를 '발승암(터럭만 남은 채 절에 의지해서 살다)'이라 한다고 했다. 그러면서 연암의 글에 의탁하여 이름이 후세에 전해지기를 원한다고 했다. 연암은 늙어서도 명예욕을 버리지 못하는 그를 불쌍하게 여겨 다음과 같은 글을 지어준다.

사람은 다 두 눈이 달려 있지만
애꾸는 눈 하나로도 능히 보는걸
어찌 꼭 쌍이라야 밝다 하리오
어떤 나라 사람은 한 눈뿐이네
두 눈도 오히려 적다고 불만족하여
이마에 덧눈을 달기도 하고
더구나 저 관음보살은
변신하면 눈이 천 개나 되네
달린 눈이 천이랬자 별거 있겠나
소경도 검은 것은 볼 수 있는데
김군홍연은 불구의 몸으로
부처에 의지하여 살아간다네
돈 쌓아 놓고 쓸 줄 모른다면
비렁뱅이 가난과 뭐가 다르리

중생은 다 제멋대로 사는 법
애써 본뜰 건 없지 않은가
대심은 중생과 달리했기에
이로써 서로들 의심한 게지

세상에서 못내 명예를 좋아하여 외물에 의탁해서 불후를 도모하는 자들은 이 글을 보면 망연자실하지 않을 자 없을 것이다.*

사람은 두 눈을 갖고 있지만 보는 건 한 눈으로도 충분하다. 그런데 두 눈도 부족하여 이마에 덧눈을 달거나 심지어 천 개의 눈을 갖고 싶어한다는 것이다. 그러면서 연암은 한 눈이나 두 눈이나 천 개의 눈이나 보는 건 매한가지이니, 굳이 장애에 구애받지 말고 살아가라고 말한다.

이와 같이 연암은 은유적인 화법으로 장애에 대해 독특하고 획기적인 의식을 제시한 조선 후기 최고의 장애 사상가였다.

이덕무의 장애 스승과 제자들

이덕무(1741~1793)는 서얼 출신으로서, 통덕랑 이성호의

---

* 박지원 지음, 신호열·김명호 옮김, 위의 책, 127~128면.

서자로 태어났다. 집안도 가난하고 병약해서 가학(家學)을 했지만, 벌써 20세에 문명을 날려 정조에 의해 규장각 검서관으로 발탁되었다. 그곳에서 박제가, 유득공과 함께 14년간 근무했고, 또 이서구, 박지원, 홍대용 등과도 교유하였다. '책만 보는 바보'라는 뜻의 간서치로 유명했고, 고증학적 학문 방법으로 『관독일기』, 『이목구심서』, 『영처고서』, 『사소절』 등 16종 수십 권의 저서를 남겼다.

이덕무는 장애 관련 인물들과의 교유 관계가 두드러졌다. 그의 스승 이진은 귀머거리, 즉 청각 장애를 갖고 있었지만 영조 때 지방 현감을 지냈다. 비록 청각 장애를 갖고 있었으나 당시 세상에서 쓰이는 글은 모두 그의 손을 거쳐 나왔고, 심지어 조정의 인사들과도 교류하여 명성이 자자했다. 또한 시를 잘 지어 이규상의 『병세제언록』 '문원록'에까지 올라와 있는데, 특히 '초림체'라는 독특한 시체를 구사했다. 그의 시는 힘들게 깎고 다듬어 말과 소리가 모두 초췌하고 뒤틀리고 어긋났지만, 가만히 음미해보면 매우 공교로웠다. 원래 이 시체는 이봉환이 창안하고 이진의 아버지 이명계가 곁에서 도왔는데, 아들 이진 등에 이르러 큰 흐름을 이루게 되었다. 그러나 재주가 없는 사람들은 늘 입술을 우물거리며 슬피 읊조려도, 끝내 말이 어긋나 뜻을 이루지 못했다. 이진은 자못 재주가 있어 능히 그 시체를 구사할 수 있었다. 그의 대표적인 시 한 수를 옮겨보면 다음과 같다.

서리 앉은 기와지붕 유리처럼 반짝이고
나뭇잎과 거미줄 반공에 매달렸네.
등넝쿨 담장 옆의 달은 파초에 가리고
초가집 서편의 다듬이질 귀뚜라미 소리에 어울린다.

    이른 아침 서리 내린 기와집과 가을의 풍경, 달밤에 초가집에서 들리는 다듬이질과 귀뚜라미 소리를 그야말로 담박하게 묘사하고 있다. 과연 초립체를 구사하여 시어를 힘들게 깎고 다듬은 흔적이 역력하다.

    이규상의 『병세제언록』에 의하면, 정조 때 규장각 검서관인 이덕무, 박제가, 윤가기가 모두 이러한 이진의 시체를 본받았다고 한다. 다시 말해 이들 실학자의 시 스승은 모두 청각 장애 시인 이진이었던 것이다.[*]

    이덕무의 제자들도 장애 관련 인물이 많았다. 대표적으로 앞에서 살펴본 중복 장애 노비 시인 이단전, 조선 후기 하층 장애사의 보고라 할 수 있는 『추재기이』의 저자 조수삼을 들 수 있다. 또한 이덕무는 앞의 성호학파에서 살펴본 성기능 장애인이자 영의정까지 지낸 남공철의 문학적 스승이기도 했다. 그중 미처 살펴보지 못한 추재 조수삼에 대해서만 간략히 살펴보기로 하자.

---

[*] 이규상 지음, 민족문학사연구소 한문분과 옮김, 위의 책, 108~109면.

조선 후기 하층 장애사의 보고, 『추재기이』

조수삼(1762~1849)은 양민 출신이지만 승정원 서리를 역임하며 중인 계층이 되었다. 이후 그는 83세의 나이로 진사시에 급제하여 양반이 되었다. 조수삼은 어린 시절부터 말년까지 무려 1,500여 수의 시를 지었다고 한다. 그중 『추재기이』는 조수삼의 평생의 소망이 담긴 시집이었는데, 70대 이후인 만년에 구술하여 손자에게 받아 적게 해서 만든 시집이었다고 한다.[*]

『추재기이』는 조선 후기 여항에 사는 하층 장애사의 보고였다. 민간에서 놋그릇을 닦아주며 먹고사는 지적 장애인 공공, 동대문 부근에서 안경알을 갈며 살아가는 지체 장애인 노인, 기생집에서 손짓과 발짓으로 풍류객을 접대하는 언어 장애인 최방한, 손가락이 모두 붙은 기형으로 태어났지만 여염집에서 삯바느질로 먹고사는 어떤 여인, 길거리에서 노래를 부르며 살아가는 장님 악사 손씨, 시장통에서 온갖 새의 장기인 〈백조요(百鳥謠)〉를 부르며 구걸하는 시각 장애인이자 한쪽 다리를 저는 지체 장애인 통영동이 등이 그들이다. 이들 여항의 장애인은 대부분 자신만의 직업을 갖고 인생을 달관한 듯 욕심 없이 살아가며, 주변 사람들도 그들을 따뜻한 시선으로 바라보거나 상대해 주고 있다. 대표적으로 안경알을 가는 절름발이 〈마경벽자〉에 대해서 살펴보기로 하자.

---

[*] 조수삼 지음, 안대회 옮김, 『추재기이』, 한겨레출판, 2010, 11~15면.

절름발이는 집이 동대문 밖에 있었는데, 날마다 성문 안으로 들어가 안경알 가는 것이 직업이었다. 내가 7~8살 때 그를 보았는데, 60살쯤 되어 보였다. 이웃에 살던 70~80살 노인이 초립동 시절에 그를 보았다고 했다. 그는 날이 저물어 술에 취해 집으로 돌아가다가 달이 떠오르는 것을 보면 반드시 걸음을 멈추고 올려다보았다. 그러고는 한숨을 내쉬며 한참 떠나지 않다가 이렇게 말했다. "달이 떠오르는 것을 보면 안경 가는 법을 깨닫게 되지." 이 말은 정말 운치가 있다.

안경알 갈고 돌아가는 발걸음 더디기만 해
동쪽 성에 뜨는 둥근 달을 취해 바라보네.
하늘 보며 숨을 내쉬면 달무리가 하얘지고
구름이 흩어져 고운 달이 나타나네.*

한평생 안경알을 갈며 초탈하게 살아가는 한 절름발이 노인의 삶의 모습을 상징적으로 잘 보여주고 있다. '달이 (환하게) 떠오르는 것을 보면 안경알 가는 법을 깨닫게 되지'라는 말에서 그의 전문적인 직업 정신을 느낄 수 있다. 조수삼은 그를 마치 '지상에 사는 신선'처럼 그리고 있다.

---

* 조수삼 지음, 허경진 옮김, 『추재기이』, 서해문집, 2008, 60~61면. 번역문 일부 수정.

통합사회를 위한 장애교육

이덕무는 통합사회를 위한 장애 교육에도 신경을 썼다. 그의 저서 『사소절』은 선비, 부녀자, 아동 등이 일상생활에서 지켜야 할 예절과 수신에 관한 교훈서인데, 그곳에 장애인에 대한 예의를 다룬 내용도 몇 가지 포함되어 있다.

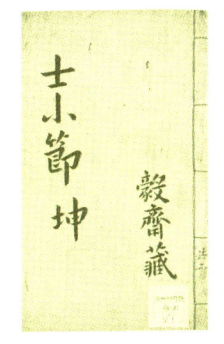

이덕무, 사소절,
국립중앙박물관

먼저 이덕무는 위의 박지원과 달리 장애 비하어를 가급적 사용하지 말라고 했다.

> 어떤 사람이 혹 황급하고 노둔하여 보고 듣고 응대하고 일을 하고 걸음을 걷고 하는 데 있어 소략하고 민첩하지 못하더라도 소경이니, 귀머거리니, 벙어리니, 곱배팔이니, 질름발이니 하고 꾸짖지 말아야 한다.*

> 사내아이들은 입이 가볍다. 모름지기 경계하여 신중을 기해야 한다. 이를테면 걸인을 대할 때 비렁뱅이라 부르지 말고, 애꾸눈을 대할 때 외눈배기라 부르지 말며, 또한 참혹하고 해괴하고 원통한 말을 가벼이 입 밖에 내지 말아야 한다.**

---

* 이덕무 지음, 이동희 편역, 『생활의 예절(사소절)』, 민족문화추진회, 1981, 117면.
** 이덕무 지음, 이동희 편역, 위의 책, 197면.

소경, 귀머거리, 벙어리, 곰배팔이, 절름발이, 외눈배기 등과 같은 장애 비하어를 쓰지 말라는 것이다. 이와 함께 이덕무는 장애인을 조소하거나 희롱하지 말라고 했다. 대개 소경은 성질이 사나워 그에게 얻어맞거나 욕먹기 십상이기 때문이었다.

> 소경은 흔히 성질이 사나우니 길에서 만날 때 조소하거나 희롱해서는 안 된다. 그러다가는 반드시 얻어맞거나 욕을 먹게 될 것이니 매우 경계해야 한다.*

당시 시각 장애인의 사회적 생활과 당당한 태도가 잘 드러나 있다. 그들은 만약 누가 놀리거나 장난치면 즉각 지팡이로 때리거나 욕을 했다는 것이다.

또한 이덕무는 장애인을 대하는 예절에 대해서도 가르쳤다.

> 나는 길에서 소경을 만날 때면 서로 부딪칠까 싶어서 반드시 기침을 하고 지나간다. 무릇 폐질자들은 곧잘 성을 내니 모두 잘 대우하는 것이 옳다.**

---

* 이덕무 지음, 이동희 편역, 같은 책, 197면.
** 이덕무 지음, 이동희 편역, 같은 책, 198면.

길에서 시각 장애인을 만나면 서로 부딪치지 않도록 기침을 하고 지나가도록 했는데, 사실 이는 앞에서처럼 『논어』 자 한편에서 공자가 시각 장애인을 대하는 태도이기도 했다. 여기에서도 조선시대 장애인은 곧잘 성질을 내니 모두 잘 대우하라고 거듭 강조하고 있다.

시각 장애인 교육법과 전문 직업

이덕무는 당시 시각 장애인의 교육법과 전문 직업에 대해서도 한 인물의 일화를 통해 생생하게 들려주고 있다. 『청장관전서』 제50권 「이목구심서」3에서 언급한 맹인 곽옥의 이야기가 그것이다.

> 곽옥이란 자는 십화 사람으로 맹인이다. 성품이 총명하고도 민첩하였다. 날마다 서당에 가서 사람들에게 『소학』을 읽으라 하고 자신은 단정히 앉아 듣기만 하였는데, 소학을 거침없이 다 외웠다. 또한 소학에서 배운 것을 실천했는데, 그의 어머니를 섬김에 있어 정성과 효도가 매우 지극하였다. 또 일찍이 점치는 것을 배우면서,
> "주역은 점복의 근본이 되는 것이다."
> 하고, 또한 듣고서 그 이치를 깨달아 내용을 외웠다. 노래나 피리소리가 떠들썩하게 울리면 희색을 나타내어 손뼉을 치면서 통쾌하게 웃곤 하였다. 그러니 진실로 맹인 중에 호탕

한 사람이 아닌가?*

여기에서 이덕무는 조선시대 시각 장애인도 서당에서 다른 아이들과 함께 통합교육을 받았는데, 주로 남이 책을 읽는 소리를 듣고 통째로 외워버리는 '암기식 교육'을 받았고, 이후 점치는 것을 배워 점복업에 종사했다고 말한다.

양성인은 기이한 사람일 뿐이다

끝으로 이덕무는 사방지 같은 양성인에 대해 장애인이 아닌 단지 기이한 사람일 뿐이라고 했다. 기존의 국문학계나 역사학계에서는 조선 전기 양성인 사방지를 장애 인물로 보고, 조선시대 사람들의 부정적 장애 의식을 보여주는 대표적인 근거로 삼았다. 필자도 역시 초창기 연구에선 서거정의 『필원잡기』, 어숙권의 『패관잡기』, 이규경의 『오주연문장전산고』 등 사방지 관련 기록들을 토대로 남녀의 성기를 모두 구비하고 있는 양성인을 장애 인물로 보았다. 그와 함께 양성인은 인도(人道)를 문란케 하므로 죽여 없애야 한다는 그들의 주장을 근거로, 조선시대에는 양성인을 부정적으로 인식한 것으로 보았다.**

하지만 이후 장애사 연구를 계속하면서 좀더 자세히 알고

---

*   이덕무, 『국역 청장관전서』Ⅶ, 민족문화추진회, 1979, 130면.
** 정창권, 『세상에 버릴 사람은 아무도 없다』, 문학동네, 2005, 135~139면.

보니, 조선시대 사람들은 사방지 같은 양성인을 장애가 아닌 그저 '기이한 인물'로 보았고, 유교적 재이관에 따라 그들을 죽이려고 했음을 알게 되었다. 전근대 사람들은 홍수나 가뭄, 지진 같은 기상이변, 일식이나 월식 같은 천문현상, 기타 신이한 자연현상을 통치자의 잘못된 정치에 대한 하늘의 징벌로 여겼다.* 통치자는 반드시 하늘의 뜻에 따라 올바른 정치를 해야 하는데, 제멋대로 해서 백성들의 원망이 쌓이게 되면 결국 음양이 부조화하여 그러한 재이(災異)를 내리게 된다는 것이다. 그러므로 당시 통치자는 재이가 발생하면 크나큰 공포와 두려움을 느끼며 어떻게든 빨리 제거하고자 했다. 마찬가지 남녀 성기를 함께 가지고 태어난 양성인도 일반적인 사람이 아닌 기이한 대상으로 여기고 재이관에 따라 죽이고자 했던 것이다.

이덕무도 『청장관전서』 제69권 「한죽당섭필」하에서 조선 전기 김종직의 『점필재집』 권3과 어숙권의 『패관잡기』 권1에 들어 있는 사방지의 기록을 거의 그대로 옮긴 후, 끝부분에서 한 야사를 들어 사방지는 하물며 양성인도 아닌 단지 남자가 여자옷을 입은 것에 불과하다고 했다.

> 『점필재집』에 사방지에 관한 기록이 실려 있다. 사방지는 노비로서 어려서부터 그 어미가 여자옷을 입히고 화장을 시

---

* 이석현, 「중국 재이관의 성립과 변용」, 『인문사회과학연구』22권 4호, 조선대학교 인문학연구소, 2021, 252면.

켜 바느질을 가르쳤다. 성장하자 사대부의 집을 드나들며 많은 하녀들과 정을 통했다.

선비 김구석의 처 이씨는 판중추원사 이순지의 딸이다. 과부로 있으면서 사방지를 불러서 바느질을 맡기고 밤낮으로 함께 지내기 10여 년이 지난 세조 9년(1463) 사헌부에 알려져서 국문하던 중 심문이 그가 평소에 정을 통하던 한 비구니에게까지 미쳤다. 그 비구니가,

"성기가 매우 왕성합니다."

하므로, 여의 반덕을 시켜 붙잡아 시험해보게 했더니 과연 그러하였다. 주상이 승정원 및 영순군 부와 하성위 정현조 등을 시켜 함께 알아보게 하였다. 하성위의 누이는 이씨의 며느리였는데, 하성위 또한 혀를 내두르며,

"어쩌면 그렇게도 성기가 큰지 모르겠습니다."

하니, 주상이 웃으면서 특명을 내려 추문하지 말고,

"이순지의 집안을 더럽힐까 염려스럽다."

하고는, 사방지를 이순지에게 넘겨주어 알아서 처리하게 하였다. 이순지는 다만 매 10여 대를 때려서 서울 근교의 노비 집으로 보내 버렸다.

얼마 후 이씨가 몰래 사방지를 불러서 다시 돌아오게 되었는데, 이순지가 죽은 후에는 방자해져서 더욱 그칠 줄을 몰랐다. 금년 봄에 재상들이 얘기 중에 이 일을 주상께 아뢰어 사방지에게 매를 쳐서 신창현으로 유배보냈다. 내가 이 일을 두고 시 두 수를 읊는다.

붉은 비단 깊은 곳에 몇 년이나 몸을 숨겼던고
치마 비녀 벗고 나자 참모습 드러났네
조물주는 본래 요술쟁이라
세상에 이 같은 양성인이 있게 되었네
세상 사람들은 왜 번거롭게 중매장이를 찾는가
요사이 여우가 숨어들어 남의 집을 망쳤구나
거리에선 시끄러이 〈하간전(河間에 사는 어느 음부의 이야기)〉을 말하지만
규방에선 슬프게 〈양백화(가사의 하나)〉를 노래하네

언젠가 한 야사를 보니 사방지는 남녀의 성기를 모두 가진 사람이라 하였는데, 여기서는 다만 남자가 여복을 한 것이라고 말한 것이었다. 이는 오행지(五行志)에 놓을 만한 일이다.*

이덕무는 사방지를 남녀의 성기를 모두 가진 양성인이라는 기존의 견해를 넘어서, 남자가 여복을 입고 많은 여성들을 농락한 성적 사기꾼으로 치부하고 있다.

이와 같이 조선시대 사람들은 양성인을 장애가 아닌 기이하고 불길한 사람으로 여기고, 유교적 재이관에 따라 하루빨리

---

* 이덕무, 『청장관전서』, 민족문화추진회, 1979, 46~47면.

제거하고자 했다고 볼 수 있다. 그러므로 앞으로는 사방지를 예로 들어 조선시대 장애 의식을 부정적으로 해석해서는 결코 안 될 것이다.

박제가의 시각 장애와 사직서

박제가(1750~1805)도 서얼 출신으로, 승지 박평의 서자로 태어났다. 남아 있는 그의 초상화에서처럼 키는 작지만 수염이 멋지고 낯빛은 부드러웠다. 기상은 크고 굳세었으며, 성격은 직선적이었다고 한다.

18~19세 무렵부터 박지원, 이덕무, 유득공 등 북학파와

박제가 초상(나빙 작), 과천시 추사박물관 소장

교유했고, 29세인 정조 2년(1778) 채제공의 종사관으로 중국에 다녀온 후 『북학의』를 집필했다. 이 듬해에는 이덕무, 유득공, 서이수 등과 함께 규장각

정유시집(박제가의 시집), 국립중앙박물관

검서관으로 발탁되어 13년간 근무했다. 하지만 42세인 1791년 경부터 안질로 눈이 어두워져 관직을 사직하고자 한다. 다음은 그의 문집 『정유각집』에 실려 있는 〈눈이 어두워져 관직을 사직하며 동료들에게 보이다〉라는 시인데, 그의 시각 장애 증세가 잘 나타나 있다.

> 눈 어지러워 나무에 헛 무늬 나타나고
> 이따금 금가루가 어지러이 흩날린다.
> 게다가 잔물결에 동심원이 번져 가고
> 별 받아 낙숫물이 거꾸로 떨어지듯.
> 어리어리 흔들흔들 이 무슨 물건인가
> 잡아 보면 꽃 아니요 막고 보면 모기 아닐세.
> (……)
> 아이하나 하루아침에 두 눈이 흐려졌네.
> 내 벼슬 악공(관현맹인)과 나란함 창피커늘
> 어떻게 더듬더듬 문단을 따를손가.
> 소인들은 나를 보고 출세했다 말하지만

지금껏 아내의 치마 없음을 누가 알리

높은 자취 숨어 있는 어진 선비 따르면서

남은 해를 침묵 속에서 초야에 기대리라.*

마치 비문증처럼 눈앞에 먼지나 벌레 같은 것들이 떠다니고 시력도 저하되었다. 나아가 두 눈이 흐려져서 맹인 악공, 즉 관현맹인이 될 수밖에 없을 듯했다. 조선시대 맹인 중 음악에 소질이 있는 자는 장악원에 들어가 악기를 연주하는 관현맹인이 되기도 했다. 그래서 낮고 천한 관직이지만 규장각 검서관에서 물러나서 초야에 묻혀 살겠다는 것이다.

박제가는 어쩔 수 없이 서유구에게 편지를 써서 규장각 검서관을 사직하겠다고 말하는데, 여기에서 그의 시각 장애 증세가 좀더 구체적으로 나타나 있다.

박제가는 아룁니다. 저는 세상에 드문 은혜를 입어, 규장각을 설치한 뒤 대궐에 출입한 지 14년이 되었습니다. 하는 일은 매우 중요하고 입은 은혜도 지극히 영화로워, 백발로 거북등이 될 때까지 이 일에 종사하여 만분의 일이라도 보답하려 했습니다. 불행히도 5년 전부터 계속해서 밤을 새우는 바람에 왼쪽 눈이 침침해져 안경도 효과가 없어 믿을 것은 오

---

* 박제가 지음, 정민·이승수·박수밀 옮김, 『정유각집』중, 돌베개, 2010, 210~211면.

씩 다른 쪽 눈뿐이었습니다. 그런데 몇 개월 전부터 갑자기 눈이 흐려지는 증세가 나서 도지는 바람에, 동눈이 다해도 심지를 자르지 못하고 붓질이 잘못되어도 바로잡지를 못했습니다. 때때로 정도에 지나치게 눈을 사용하다 보면 눈병 약인 금설을 다 사용해도 며칠 동안이나 증세가 계속되었습니다. 엄전이나 물결 같은 것이 일렁이기도 하고, 주근깨와 잎무늬 자욱한 깃처럼 그 모습을 형용할 수가 없습니다. 또 눈동자가 일일하면 눈을 감고 싶고, 눈썹이 거칠거칠하여 비빌 생각만 합니다. 이 모두가 쇠약해지는 몸의 증상이니 꼭 백태가 끼어서 그런 것이 아닙니다.

하지만 검서관의 주된 업무는 책을 베껴 쓰고 교정하는 일인데, 이 두 가지 일은 모두 눈에 달려 있습니다. 어제(御製), 일성록, 일력, 일한공령(日限公令)이 갑자기 쌓이는데, 이 일은 모두 기한이 정해져 있고 때때로 뜻하지 않은 일도 생겨나곤 합니다. 이런 공함은 두고라도 말 못할 일들이 수시로 생겨나는 몸은 없고 미룰 사람도 없습니다. 10분(分)의 일을 할 수 있는 눈으로 1분의 일을 해도 오히려 온전히 하지 못할까 두려운 법인데, 1분의 일을 할 수 있는 눈으로 10분의 일을 하려 하니 사정이 어떻겠습니까? 이처럼 억지로 직책을 맡으면 하는 일을 잘못되게 마련이고, 하는 일이 어그러졌는데도 그 지위에 있으면 책임이 누구에게로 돌아가겠습니까? 저는 이것이 두렵고 두렵습니다. 하는 일 없이 녹봉을 받았다는 나무람을 면할 수 있기를 바랍니다.

이미 5년 전부터 왼쪽 눈이 침침해져 안경을 써도 효과가 없었는데, 이젠 오른쪽 눈마저 흐려져 더 이상 책을 베껴 쓰고 교정하는 검서관 업무를 볼 수가 없다는 것이다. 그는 억지로 자리를 지키며 녹봉만 축내는 일을 하고 싶지 않다고 한다. 물론 주변 사람들은 "자네의 눈이 비록 침침하다고는 하나 소경이 될 정도는 아니네. 혹시 비방하는 자가 있어 교묘하게 피하려 한다는 의심을 덮어씌우고 은혜를 저버린다는 비방을 굴레 지운다면, 몸마저 보신하지 못할 터이니 어찌 눈에 그칠 뿐이겠는가?"라고 사직을 만류했던 듯하다. 하지만 그는 "지금 검서관의 쓰임은 눈에 달려 있으니, 눈이 보이지 않으면 물러나는 것이 마땅합니다."라고 자신의 뜻을 굽히지 않았다.

결국 박제가는 1792년 검서관에서 물러났다. 그런데 정조는 오히려 이듬해인 1793년 그를 외직인 부여 현감에 제수하고, 45세인 1794년엔 검서관에 복직시켰다. 정조는 박제가의 시각 장애보다 그의 능력을 더욱 중시했던 것이다.

박제가는 중년에 눈이 잘 보이지 않는 시각 장애를 입었음에도 불구하고 당시 유명한 인물들과 폭넓은 교유 관계를 맺었다. 그 역시 이덕무와 함께 청각 장애 시인이자 현감인 이진에게 시를 배웠고, 추사 김정희의 어린 시절 학문적 스승이기도 했다. 위에서처럼 연암 박지원과는 스승이자 벗으로

---

*   박제가 지음, 정민·이승수·박수밀 옮김, 『정유각집』하, 돌베개, 2010, 333~334면.

지냈으며, 이덕무·유득공과는 절친이었다. 그밖에 달성서씨 집안 사람들인 서호수, 서유본, 서유구 등과도 매우 가깝게 지냈다.

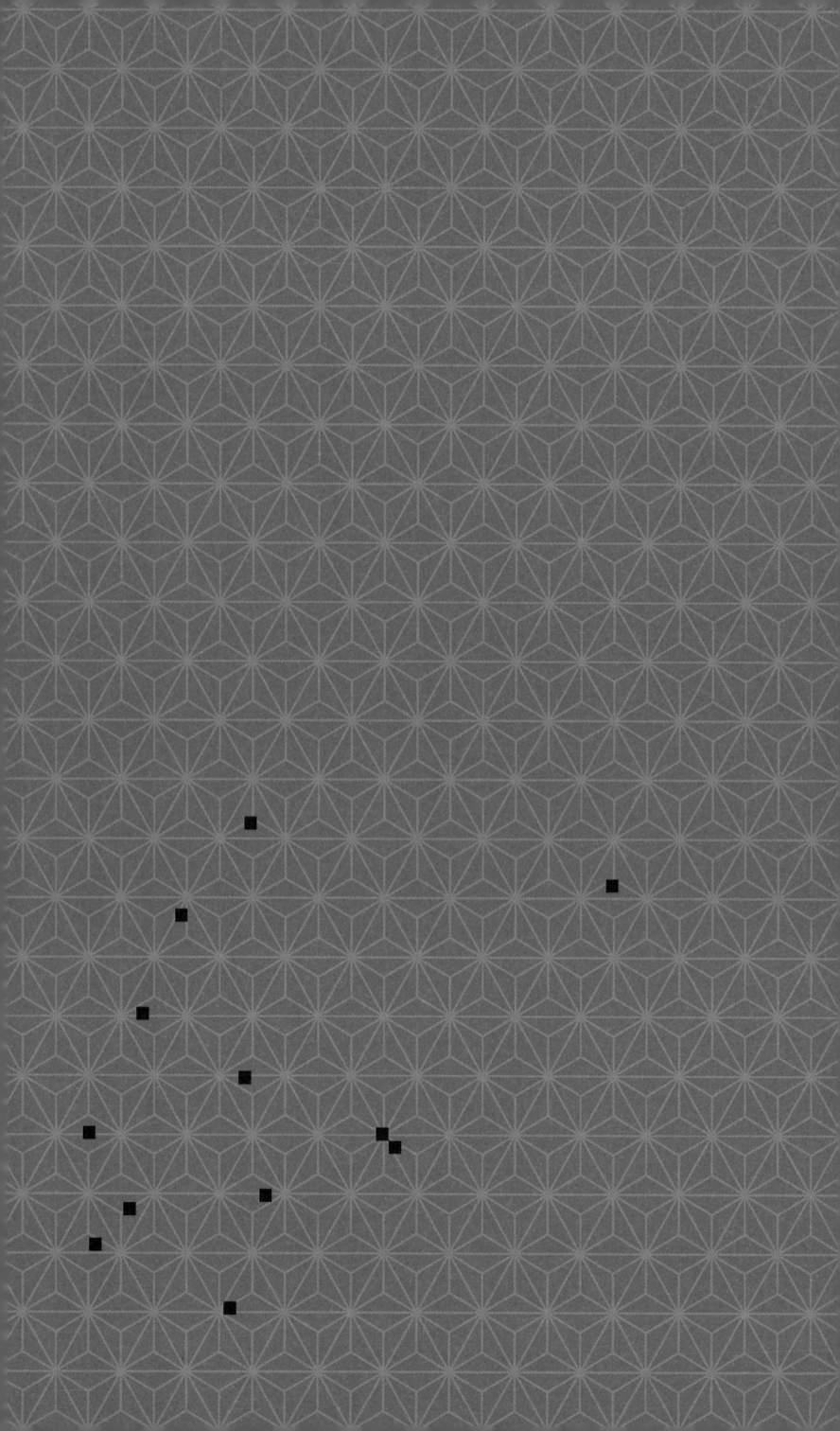

달성서씨 가는 조선 후기 대표적인 양성평등,
특히 요리하는 남자들이 많은 집안이었다.
서거정은 음식을 좋아하여 그에 관한
많은 시를 지었다.

5

**달성서씨 가와
장애 과학자 김영**

조선의 요리하는 남자들

달성서씨˙ 가는 이용후생파 실학 중에서도 별도로 고찰할 필요가 있다. 서명응, 서호수, 서유본과 빙허각 이씨, 서유구 등 여러 명의 실학자가 배출되었고, 자연과학인 수학과 천문학, 농학 등의 분야에서 워낙 뛰어난 능력을 발휘한 실학자 집안이었기 때문이다.

또한 달성서씨 가는 조선 후기 대표적인 양성평등, 특히 요리하는 남자들이 많은 집안이었다. 달성서씨 가와 음식의 역사는 조선 전기 서거정으로까지 거슬러 올라간다. 서거정은 음식을 좋아하여 그에 관한 많은 시를 지었다. 서거정이 가장 좋아하는 음식은 소의 염통, 두부, 순채였다고 한다.˙˙

달성서씨 가문을 중흥시킨 인물로 약봉 서성(1558~1631)을 꼽는다. 서성은 임란 때 선조의 피난을 호송하고 광해군, 인조 때까지 활약하며 형조판서에까지 올랐을 뿐만 아니라, 이후 그의 자손에서 3대 정승, 2대 대제학이 배출되면서 조선 후기 명문가로 자리잡았기 때문이다.

하지만 달성서씨 가를 중흥시킨 실질적인 인물은 서성의 어머니 고성이씨였다. 그녀는 5살 때 잘못하여 부자탕으로 얼굴을 씻다가 그만 실명하고 말았다. 그럼에도 퇴계 이황의 중

˙   좀더 엄밀히 말하면 대구서씨이다. 대구서씨는 달성서씨의 한 분파로, 조선시대 한양에 거주하는 이들을 중심으로 형성된 이른바 '달성서씨 경파'였다.
˙˙ 김정호, 『조선의 탐식가들』, 따비, 2012, 26, 135, 162면.

매로 서해와 결혼하여 아들 서성을 낳았다. 서해가 22살에 일찍 세상을 떠나자, 그녀는 아들을 데리고 안동 소호헌을 떠나 한양 서소문 밖 약현으로 이주했다. 그곳에서 본격적으로 음식 사업을 시작했는데, 당시 그녀가 개발하여 큰 성공을 거둔 것이 약과, 약밥, 약주 등 약식이었다.[*]

고성이씨의 아들 서성도 음식 솜씨가 좋아서 서유구의 『임원경제지』 중 『정조지』 권7 시양류의 첫 번째 음식으로 서성이 잘 빚었다는 약산춘과 그 비법이 자세히 실려 있다.[**] 서성의 후손 서명응(1716~1787)은 이용후생파 실학자로서 정조와 함께 규장각을 설립하고 제학을 지낸 인물인데, 그는 아내가 있음에도 직접 부엌에 들어가 요리를 해서 연로한 어머니를 봉양했다. 그의 손자 서유구도 경기도 연천의 금화에서 우거할 때 아내와 함께 아침저녁 밥을 지어 어머니께 올렸으며, 위에서 언급한 음식 조리서 『정조지』 7권 4책을 편찬하기도 했다.[***]

서유구의 형 서유본은 그 유명한 『규합총서』의 저자 이빙허각의 남편이었는데, 그는 평소 아내와 더불어 학문을 토론하는 한편 그녀의 저술 활동을 뒷바라지하는 전형적인 조선의 외조하는 남편이었다.[****]

---

[*] 강정기, 『명문탐방』1, 태봉, 2007, 316~323면.
[**] 서유구 저, 임원경제연구소 역, 『(임원경제지) 정조지』4, 풍석문화재단, 2020, 66~68면.
[***] 정창권, 『조선의 살림하는 남자들』, 돌베개, 2021, 78면.
[****] 정창권, 위의 책, 229~232면.

서호수와 평민학자 김영

달성서씨 가는 장애사에서의 비중도 대단히 컸는데, 장애보다 능력을 중시하는 수준 높은 장애 의식을 갖고 있었을 뿐 아니라 집안의 여러 사람들이 중복 장애 평민학자 김영과 매우 절친한 관계를 맺고 적극적으로 후원했기 때문이다. 그 대표적인 인물로 서호수, 서유본, 서유구, 홍길주를 들 수 있다.

서호수(1736~1799)는 천문학, 역학, 농학 분야의 대가였던 서명응의 큰아들로, 아버지의 영향을 받아 천문학과 농학 분야에서 최고의 전문가로 인정받았다. 대표적인 업적으로 천문학 분야에서 『국조역상고』를, 농학 분야에서 『해동농서』를 남겼다.

서호수는 21세인 1756년(영조32) 생원시에 합격하고, 1765년(영조41) 식년 문과에서 장원 급제하여 특별히 사간원 정언에 발탁되었다. 1776년 정조가 즉위하자 도승지에 임명되어 왕의 측근이 되었다. 그는 두 차례의 연행을 통해 여러 서적들을 수집하는 등 청나라 문화를 도입하는 데 일익을 담당했고, 규장각 직제학을 지내며 『국조보감』, 『규장총목』, 『어제춘저록』 등 각종 편찬 사업에서 주도적 역할을 했다.

1795년(정조19)에는 관상감(천문, 지리, 역수, 기

혼천의, 국립중앙박물관

후, 관측 등의 사무를 맡아보던 관청) 제조로 있으면서 천문(천체에서 일어나는 온갖 현상), 역학(천체의 운동을 관측하여 책력을 연구하는 학문)과 산학(수학)을 대대적으로 정리하는 한편, 천문학 관련 서책을 편찬했다. 그 대표적인 업적이 성주덕·김영과 함께 만든 『국조역상고』였다. 서호수는 당시 역관(달력에 관한 일을 맡아보던 관원)으로 있던 그들에게 역대의 천문 현상에 관한 기록을 수집하여 분류, 정리하게 했다. 다음은 서호수가 쓴 『국조역상고』의 서문인데, 편찬 경위와 내용이 잘 나타나 있다.

> 내가 1795년 겨울에 외람되이 관상감 제조에 특별히 임명되어 역관(曆官) 성주덕과 김영 등으로 하여금 우리나라의 제도와 문물을 담은 여러 책들의 내용을 수집해서 다섯 항목으로 편찬하게 했다. 그 첫 번째는 역법연혁, 둘째는 북극고도, 셋째는 동서편도, 넷째는 의상, 다섯째는 경루이다. 주야시각과 일식보법은 북극고도에 편입시켰고, 절기시각·월식보법·중성은 동서편도에 편입시켰다. 역법의 이치와 의기의 제도에 간간이 미비한 것이 있으면 역서와 역사 기록들을 널리 찾아 나의 어리석은 견해로 부연하고 보충하였다. 모두 4권으로 엮어 책명을 『국조역상고』라 지었다.*

---

* 서호수·성주덕·김영 편저, 이은희·문중양 역주, 『국조역상고』, 소명출판, 2004, 22면.

『국조역상고』 4권은 1795년 서호수가 성주덕, 김영과 함께 편찬했고, 역법연혁과 북극고도, 동서편도, 절기시간 등의 기록들을 수집해서 만들었다는 것이다.

서호수도 위의 이용후생파 실학자들처럼 신분과 나이, 장애를 초월한 개방적인 교유 관계를 맺었다. 서얼 출신의 북학파 학자인 박제가, 유득공, 이덕무 등과 가까이 교제하며 지냈고, 서얼임에도 수학, 천문학, 거문고에 뛰어났던 유금(유득공의 숙부)과도 교유했다. 또한 그는 김영이 자신보다 천문학에 뛰어나다는 것을 알고는 당시 관상감의 책임자인 홍낙성(홍길주의 조부)에게 말하여 임금께 추천하도록 했는데, 이로부터 김영의 천문학 실력이 본격적으로 사람들에게 알려지기 시작했다.

외조하는 남자, 서유본

서유본(1762~1822)은 서호수의 큰아들이자 서유구의 형이었다. 또 위에서 언급한 것처럼 『규합총서』의 저자 이빙허각의 남편으로, 조선시대 대표적인 금실 좋은 부부이자 외조하는 남자였다. 두 사람의 아름다운 부부관계는 시동생 서유구가 쓴 〈빙허각 이씨 묘지명〉에 잘 나타나 있다.

우리 형님(서유본)은 가정의 훈육을 공손히 받아들여 독서에 열중하셨다. 평소에는 문밖을 나가 사람을 사귀지 않으시고 독서하다가 틈이 날 때에는 형수님(이빙허각)과 더불어 경전을 토론하시고 고금의 시체로 시를 주고받으셨다. 붉고 노란 붓과 벼루가 가위나 자 틈에 섞여 있었으니, 훌륭한 아내이자 좋은 벗이었다.*

조선 후기에는 부부유별이 강화되어 부부가 함께 앉아 경전을 토론하고 시를 주고받는 모습을 찾아보기 어렵게 되었다. 하지만 서유본은 그런 주자학적 예의범절에 개의치 않고 안방에 들어가 아내와 함께 토론하며 학문하는 진정한 '학자 부부'가 되고자 했다.

또한 서유본은 빙허각이 『규합총서』의 저술을 마치자 시를 지어 축하해줄 뿐 아니라, 책의 제목까지 지어주었다.

산에 사는 아내는 벌레나 물고기에 대해 잘 알고
시골 살림을 경영함에도 성글지 않네.
밝은 달빛과 갈대밭에서 함께 꿈에 들고
『입택』(笠澤)을 쫓아 총서를 엮었네.

나의 아내가 여러 책에서 뽑아 모아서 각각 항목별로 나누었다. 시골의 살림살이에 요긴하지 않은 것이 없고, 더욱이 초목, 새, 짐승의 성미에 대해서는 아주 상세하다. 내가 그

---

* 안대회 · 이현일 편역, 『한국 산문선』8, 민음사, 2017, 195~196면.

책 이름을 명명하여 『규합총서』라고 했다.*

빙허각이 평소 공부하고 경험한 내용을 토대로 하되 당나라 시인 육구몽의 『입택총서』를 본받아 한 권의 총서를 편찬했다는 것이다. 시골의 살림살이에 아주 요긴하여, 서유본이 책의 제목을 『규합총서』라 지어주었다고 한다.

서유본의 오랜 벗, 김영

서유본은 22세인 1783년(정조7) 생원시에 합격했으나 문과 급제에는 실패했고, 1805년(순조5) 동몽교관에 임명되었다. 하지만 이듬해인 1806년 중부 서형수가 김달순 옥사 사건에 연루되어 유배되자 서유본도 관직에서 물러날 수밖에 없었다. 이후 그는 아버지 서호수의 학문을 이어받아 천문 역산에 주력했다.

그도 역시 아버지처럼 신분이나 장애에 상관없이 폭넓은 교유 관계를 맺었다. 동생 서유구와 함께 어린 시절 유금에게 수학했고, 스무살 시절에는 연암 박지원에게 수학했다. 실제로 『연암집』 4권에 연암이 서유본에게 써준 〈증좌소산인〉이라는 상당히 긴 시가 실려 있다.** 또 박제가와도 교유하여 그의 문집인 『좌소산인문집』에 〈금수정 정유 박제가의 시에 차운하여〉

---

* 정창권, 앞의 책, 2021, 232면 재인용.
** 박지원 지음, 신호열·김명호 옮김, 『연암집』 중, 돌베개, 2007, 283~289면.

혼천전도, 서울역사박물관 소장

와 〈옛날의 감회를 읊은 시〉 등이 남아 있다.*

서유본이 가장 막역하게 지낸 인물은 역시 아버지 때부터 교유가 있었던 김영이 아닐까 한다. 그의 『좌소산인문집』에는 김영과 관련된 글이 5편이나 실려 있는데, 이를 통해 우리는 서유본의 장애 의식을 엿볼 수 있다.

서유본은 20살 무렵부터 김영과 친근하게 지냈다고 한다. 그는 〈옛날의 감회를 읊은 시〉에서 20살부터 지금까지 30년 넘게 함께 지낸 인물 중 당대에 이름난 사람으로 김영을 꼽았다.

> 도견(陶甄)을 닦고 밝혀 역상(달력에 의하여 천체의 운행을 헤아려 알아내는 일) 깊어져,
> 백의로 벼슬길 오르니 성은이 돈독하네.
> 청대(관상감)에 만약 기린각(공신들의 회상을 모셔 놓은 전각)이 있다면,
> 응당 키 크고 깡마른 모습의 그가 첫머리에 그려지리.**

김영은 역상학에 밝아 평민임에도 관직에 올라 임금의 총애를 받았으며, 관상감에 그의 초상화를 모셔야 할 정도로 공로가 컸다는 것이다. 신분과 장애를 초월하여 오로지 능력만으로 평가하는 서유본의 장애 의식을 잘 보여주고 있다. 또한 이

---

* 　서유본 저, 한민섭·박경진 역, 『좌소산인문집』, 자연경실, 2020, 94 : 108면.
** 　서유본 저, 한민섭·박경진 역, 위의 책, 109면.

를 통해 우리는 김영의 외모가 키는 크고 깡마른 모습이었음을 알 수 있다.

서유본이 김영에게 보낸 편지

서유본이 김영에게 보낸 편지도 두 통이 남아 있다. 하나는 40세경 김영의 편지에 답한 것인데, 여기에서도 장애에 상관없이 김영의 수학과 음악, 천문학에 대한 재능을 높이 평가하고 있다. 아래는 그 편지의 서두 부분이다.

> 제가 족하(비슷한 연배 사이에서 상대를 높여 부르는 말)와 교유한 지 몇 년이 되었지만, 족하가 한 가지 기예에서 이름을 이루었다는 점만 알 뿐입니다. 이는 제가 족하를 아는 것이 이와 같을 뿐만 아니라, 다른 사람이 족하를 아는 것 또한 한 가지 기예뿐입니다. 근래에 적막한 물가에서 서로 따르면서 경서를 강독하며 그 온축된 바를 더 확인해보니, 족하의 업은 수학 한 가지 기예에 그치지만은 않았습니다. 율려(음악)의 본원을 연구하고 역상의 깊은 뜻을 탐색하여 유자(선비)의 이름을 저버리지 않았습니다.
>
> 아, 금세의 선비는 한 가지 기예에서 이름을 이룬 자 드뭅니다. 더구나 이보다 더한 것이야 말할 나위가 있겠습니까? 또한 그 공부 방법은 분발함이 월등히 뛰어나 철저히 궁구함이 아주 깊으니, 족하 같은 사람이 몇이나 되겠습니까? 이는

제가 족하를 안 지가 20년 전이지만, 족하가 족하됨을 안 것은 오늘부터입니다. 구구한 저의 마음이 족하에게 향한 정이 어찌 끝이 있겠습니까? 일전에 긴 편지로 주신 가르침으로 족하의 뜻을 자세히 알게 되었습니다. 그중 '박이부정博而不精(넓기만 하지만 정밀하지는 못함)' 한 단락은 근세 학사의 명예 질실히 들어맞아 세 번 반복하여 읽으니 저도 모르게 문득 마음이 부쩍 아팠습니다.*

'족하'는 비슷한 연배 사이에서 상대방을 높여 부르는 말로, 두 사람은 나이가 서로 비슷했고 친구처럼 지냈던 듯하다. 또 '제가 족하의 얼굴을 안 지가 20년 전이지만'이라고 말한 점으로 미루어 현재 나이는 40세경이고, 두 사람은 지금까지 20여 년 동안 오랜 인연을 이어오고 있었던 것으로 추정된다. 이때 김영은 수학, 율려, 역상 등의 분야에서 높은 수준의 능력을 갖추고 있었던 듯하다. 또한 서유본은 그러한 김영의 능력을 높이 평가하며 늘 가르침을 받고자 했다. 여기에서도 그의 신분이나 장애에 대한 차별의식은 찾아볼 수 없다.

두 번째 편지는 김영이 죽기 직전인 70세 무렵에 서유본이 보낸 편지로, 역상학에서 조선 최고의 권위자임에도 여전히 가난에 허덕이는 김영의 처지를 매우 안타까워하고 있다.

---

* 서유본 저, 한민섭·박경진 역, 같은 책, 248~249면.

의자를 걸어놓고 기다리다 신발 거꾸로 신고 달려가 맞이하여, 매번 한 번씩 만날 때마다 오묘하며 강직하고 시원한 기론(奇論)을 나누어, 강가의 해가 저물어 돌아가는 수레를 붙잡지 못하는 것이 몹시 한스러웠습니다. 보릿고개에 쌀값이 날로 올라 차가운 부엌의 썰렁한 아궁이에 곤궁하여 일어나지 못함은 면하셨는지요? 족하는 뛰어난 기예를 품고 있어 나라 전체에서 모두 논하기를 "김영은 역상학에서 우리나라에 짝할 자가 없다."라고 합니다. 그러나 백발이 될 때까지 불우하여 죽도 먹지 못하는데 끝내 걱정하거나 위로하는 말 한마디가 없습니다. 아, 조선에서 인재를 숭상하지 않는 것이 오래되었습니다. 족하는 위로는 사장(詞章: 시가와 문장)을 화려하게 꾸미는 기교를 닦아 세상에 아첨하지 않았고, 아래로는 백공의 각종 기예를 잡지 않아 제힘으로 먹고살 수 없었습니다. 다만 늙도록 무용의 학문에 온 힘을 쏟았으니, 족하의 조예는 과연 조충지(남북조 시기의 수학, 천문학자), 곽약사(원나라 수학, 천문학자)를 뛰어넘었으나, 지금 세상에서 누가 그것을 알아줍니까? 족하가 궁벽진 마을에서 굶주리는 것은 마땅하니 하소연할 것도 없습니다. 족하는 칠순에 가까워 남은 날이 거의 없으니, 가령 갑자기 죽어 골짜기에 버려질 우려가 있어도 족하에게 또한 다시 무슨 서운함이 있겠습니까마는, 성세에 인재를 빠뜨리지 않는다는 뜻은 어떡해야 합니까? 이것이 제가 거듭 세도를 개탄하고 애석하는 것으로, 족하 때문만은 아닙니다.*

서유본은 김영을 만날 때마다 신발을 거꾸로 신고 나갈 뿐 아니라 하루 종일 붙잡고 토론하고 싶어 했다. 김영은 역상학 분야에서 중국이든 조선이든 더 이상 짝할 자가 없는 최고의 권위자였기 때문이다. 그럼에도 나라에서 인재를 숭상할 줄 몰라 백발노인이 될 때까지 죽도 제대로 먹지 못하고 있다고 한탄한다. 끝으로 서유본은 세속에 연연하지 않고 학문에만 전념하는 김영의 투지에 안타까워하면서도 깊은 존경심을 표한다. 그들은 이미 세속을 초월한 '진정한 학자'였던 것이다.

연경에 가는 김영을 전송하며

김영의 나이 65세인 1813년(순조13)에 동지가 10월 그믐이 되는 것에 대한 논란이 있어, 조정에서 특별히 역관을 선발하여 중국에 가서 물어 바로잡기로 했다. 관상감에서 모두 김영을 추천하니, 그에게 연경의 흠천각에 가서 직접 물어 잘못을 바로잡고 『만권력』을 사서 귀국하도록 했다. 이때 서유본은 〈김영이 연경에 가는 것을 전송하며〉라는 장편의 전별시를 써서 주었다.

서유본은 먼저 김영을 '참으로 기이한 재주를 지닌 선비(眞奇士)'라고 전제한 뒤, 해와 달, 별의 운행을 알아내는 천문학의

---

* 서유본 저, 한민섭·박경진 역, 같은 책, 254~255면.

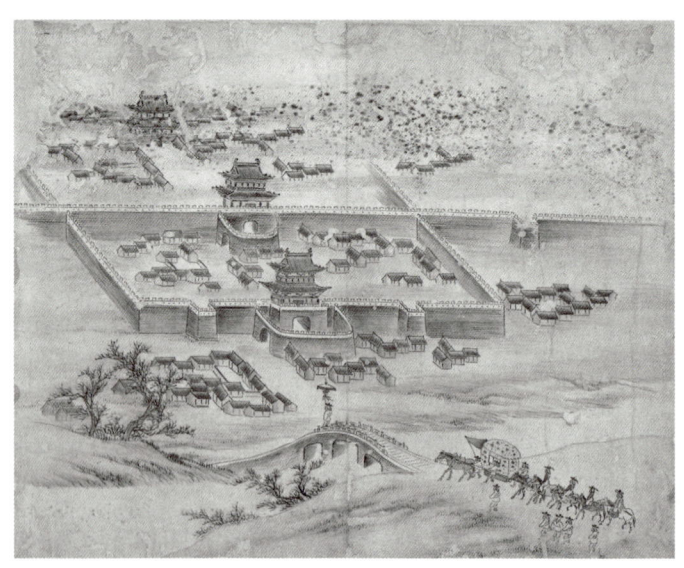
연행도 제5폭 산해관동라성, 숭실대학교 한국기독교박물관 소장

대가라고 평가하였다. 나라에서 그를 몰라주어 한양 서쪽의 두세 칸 부서진 집에서 가난하게 살았고, 정조 때는 낭관의 지위에 올라 뜻을 펼쳤으나 임금이 죽은 뒤로는 다시 버림을 받았다고 한다. 그러다가 이번에 나라의 역법에 문제가 있자 그가 중국에 문의하러 가게 되었다는 것이다.

> 계유년(1813) 동지가 10월 그믐이 되는 것, 중기(中氣)를 이전 달에 넣어 계산하는 법, 예전부터 못 보았네. 봄가을의 그믐과 일식도 오히려 조롱받는데, 하물며 절기가 어지러이 착오를 일으키는 데에 있어서랴. 임금께서 관상감 신하를 둘러보니 모두 그대(김영)를 천거하여, 중국에 가서 물어보아

1813년 김영이 중국에 가게 된 경위와 주어진 임무를 잘 완수해서 임금의 정치에 보탬이 되기를 바라고 있다.

끝으로 서유본은 '청컨대 그대는 몸을 보중하며 잘 다녀오시오.'라고 하면서 중국에 무사히 다녀오길 기원해준다. 서유본과 김영은 20세 이후 죽을 때까지 항상 걱정하고 후원하는 친구였던 것이다.

* 서유본 저, 한민섭·박경진 역, 같은 책, 58면.

김영 가전

끝으로 서유본은 1817년 김영이 70세의 나이로 세상을 떠나자, 그의 일생을 아주 자세히 기록한 〈인의(통례원의 종6품 관직명) 김영 가전〉을 남기기도 했다. 일종의 행장(사람이 죽은 뒤 평생의 일을 기록한 글)이라 할 수 있는데, 양반 사대부가 아닌 평민 학자의 삶을 이토록 자세히 기록한 것은 매우 이례적인 일이라 할 수 있다.

먼저 서유본은 자신이 알고 있는 김영의 출신과 성격, 외모, 역상학에 뛰어든 계기와 과정에 대해 자세히 소개한다.

군의 이름은 영이고, 자는 계함이며, 김해(본) 사람이다. 아버지는 아무개이고, 할아버지는 아무개이며, 대대로 농사를 지었다. 군은 어려서 고아가 되어 가난하고 의지할 곳이 없게 되자, 이리저리 떠돌다 서울로 왔다. 사람됨은 성글고 외고집인데다 성질이 있었다. 키는 크고 얼굴은 야위었으나, 두 눈동자는 반짝반짝 빛났다. 세속의 모든 약아빠지고 남을 따라하는 일체에 대해서는 귀먹은 것처럼 신경 쓰지 않았다. 독서하고 깊이 생각하기를 좋아했으며, 문구에 이끌리지 않고 능히 스스로 스승을 얻었다. 우연히 서양의 『기하원본』을 열람하고는 마음속으로 매우 기뻐하며 몇 개월 동안 엎드려 읽은 끝에 그 뜻을 모두 통달했다. 마침내 역상학을 오로지 공부하여 힘써 탐색하고, 각고의 노력으로 단단히 참으며, 겨울에 화롯불도 피우지 않고 여름에 부채질도

하지 않은 지 거의 15~16년 만에 그 학문이 크게 진보하였
다. 그러나 사람들은 알아주지 않았고, 군 또한 사람들에게
알려지기를 구하지 않았다.*

김영은 농사꾼 출신에다 고아였고, 성격이나 외모도 평범하지 않았으며, 우연히 『기하원본』을 접하고는 수학과 천문학에 빠져들어 15~16년 동안 스스로 터득했다는 것이다. 여기서 서유본은 김영의 장애에는 거의 주목하지 않고 오로지 그의 수학과 천문학에 관한 능력만 언급하고 있다. 그래서 김영은 장애 인물이 아닌 것처럼 보인다. 하지만 당시 김영과 교유했던 또다른 학자 홍길주는 『표롱을첨』 권2 잡문기2 〈김영전〉에서 아래와 같이 김영은 말을 더듬는 언어 장애를 갖고 있었다고 분명히 밝히고 있다.

김영은 인천 사람이었다. 그는 비천하고 가난했으며, 용모는 추악했고 말도 더듬었다. 그러나 그의 역상과 산수는 거의 하늘로부터 타고났다 할 수 있어서, 그 두 가지 학술에 있어서는 배우지 않은 것이 없을 정도였다. 그는 가로세로 산가지를 늘어놓고 계산을 하다가 홀로 『기하원본』이라는 책 한 권을 가져다 읽은 뒤 그 이치를 모두 터득하여 산수에 있어서 더 이상 익힐 것이 없게 되었다. 그러나 세상 사람들

* 서유본 저, 한민섭·박경진 역, 같은 책, 598~599면.

이 그를 알아줄 아무런 계기가 없어 더욱 궁핍해져 결국 도성을 떠돌았다.*

김영은 용모가 추악하고 말을 더듬는 언어 장애를 갖고 있었지만, 수학과 천문학에 대해서만은 천재적이었다는 것이다.

1862년 유재건이 편찬한 『이향견문록』 1권 〈석천 김영〉 조에서도 김영이 심한 우울증으로 인한 정신 장애와 평소 말을 더듬는 언어 장애를 갖고 있었다고 밝히고 있다.

> 그는 젊어서부터 산술에 매우 깊은 취미가 있어 무릇 영뉵·구고(둘 다 옛 산법)의 법에 대해서 정통하지 않은 것이 없었다. 하지만 여전히 스스로 근본 이치에는 도달하지 못하였다고 생각하여, 정신을 다 쏟아 몇 해를 사색에 잠기더니 마침내 우울증에 걸려 몇 번이나 목숨이 위태로운 지경에 이르렀다.
>
> (……)
>
> 그는 평소 더듬거리며 마치 말을 잘 못하는 것처럼 보였으나, 세상의 다스려지고 어지러워지는 것의 원인과, 하늘과 사람의 구별에 대해 말할 때면 강물을 터놓은 것처럼 시원스러웠다. 의심스런 뜻이나 분석하기 어려운 것을 물어보는 사람이 있으면 곧 재미나게 대답해주었으며 종일토록 싫증

---

* 홍길주 저, 박무영·이주해 역, 『표롱을첨』 상, 태학사, 2006, 168면.

김영은 젊은 시절 수학에 너무 깊이 빠져 우울증으로 인해 목숨이 위태로울 정도의 정신 장애가 있었고, 평소 말을 더듬는 언어 장애가 있었으나 정치나 천문학 이야기가 나오면 흥분하여 끊임없이 얘기했다는 것이다. 과연 김영은 온통 수학과 천문학에 빠져 살았던 것이다.

국왕 정조를 비롯한 관료들이나 관상감 관원들도 서유본처럼 김영의 장애보다는 성품이나 능력에 집중하여 대하곤 했다. 김영은 앞에서 살펴본 것처럼 서호수를 만나면서 그동안 쌓아온 수학과 천문학 실력을 발휘하며 두각을 드러냈다. 대표적인 예로 그는 사도세자의 묘를 수원 화성으로 이장할 때 적도경위의와 지평일구 같은 새로운 의기를 만들어 길한 시기를 측정하는 공로를 세웠다. 이에 정조는 김영을 특별히 관상감의 삼역관(三歷官)으로 임명했는데, 당시 관상감 관원들은 과거를 거치지 않은 사람은 그러한 요직에 오를 수 없다며 심하게 반발하기도 했다. 위에서처럼 순조 때에도 김영은 우리나라 역법에 문제가 있어 중국에 가서 물어 바로잡아 해결했다. 하지만 관상감 관원들은 그 일이 끝나자마자 그의 능력을 질투하여 괴롭혔다. 결국 김영은 벼슬을 그만두고 가난 속에서 학문에 몰

---

* 유재건 역음, 이상진 해역, 『이향견문록』상, 자유문고, 1996, 48~52면.

두하여 수학, 천문학, 음악, 주역 관련 저서들을 집필했다.

김영은 임종하기 전에 하나 있는 아들에게 "내가 쓴 어지러운 원고가 상자에 넘쳐나는데, 내 반드시 책이 완성되기를 기다리고 싶지만 이제 끝이로구나. 내가 죽은 뒤에 절대 다른 사람에게 주지 말고 삼호의 서유본 선생에게 가서 전해주는 것이 옳겠다."라고 하면서 자신의 원고를 서유본에게 전해주도록 했다. 김영의 사후 서유본이 급히 사람을 보내 책상자를 가져오게 했으나 이미 관상감 관원들이 훔쳐가고 없었다. 서유본은 몹시 애석해하면서 행장의 말미에 다음과 같이 김영을 기리는 글을 덧붙였다.

> 주나라 말기의 주인 자제들이 흩어져 해외로 가서 상수학이 전해지지 못한 지 오래되었다. 명나라 말기에 서양의 선비들이 역법으로 천하에 알려지게 되었다. 해설하는 사람이 말하길 "사해의 지역, 해 지는 서쪽인 매곡과 중국은 길이 통하기 때문에 도술이 흩어져 서방으로 왕왕 알려졌다."라고 한다. 그러나 서양의 학문이 중국에 들어왔는데, 중국의 학사 대부들은 그 기술에 능통한 자가 드물었다. 이에 김영이 멀리 떨어진 궁벽한 지역에서 분기하고는 옛 문서를 연찬하여 떨어진 단서를 찾아 이어서 기술하였다. 온 나라의 사람들이 모두 그를 '역학의 종장'으로 추대하니 이미 매우 기특한 일이었다. 게다가 우리 정조 임금님의 융성한 때를 만나 포의로 조정에 등용되어서는 의상(儀象)을 만들고 도전

《曆典》을 닦아 밝혀서 하늘을 공경하고 때를 알려주는 다스림을 도왔으니, 또한 배운 바를 저버리지 않았다고 할 만하다. 이것은 모두 전할 만하니, 내가 차례로 엮어 글을 지어서는 태사씨가 채록하기를 기다린다.*

중국을 비롯한 동양에선 유일하게 김영이 역상학, 즉 천문학에 통달하여 '역상학의 종장'으로 추대되었고, 정조가 그것을 알아주어 평민으로서 조정에 등용되어 많은 업적을 이루었다는 것이다. 서유본이 김영의 능력과 업적을 얼마나 높이 평가했는지 알 수 있다.

서유구, 김영의 『역학계몽』을 수습하다

서유구(1764~1845)는 서호수의 아들이자 서유본의 동생으로, 달성서씨 가를 대표하는 학자라고 해도 과언이 아니었다. 그는 27세인 1790년(정조15) 과거에 급제하여 규장각 초계문신에 선발되었고, 이내 규장각 대교에 임명되어 국가적 편찬 사업에 참여했다. 특히 그는 정조의 신임 아래 학문적으로도 크게 성장하였다. 하지만 43세인 1806년(순조6) 작은아버지 서형수가 김달순 옥사 사건에 연루되어 유배형에 처해지자, 서유구

---

* 서유본 저, 한민섭·박경진 역, 위의 책, 604~605면.

도 벼슬에서 물러나 고향인 경기도 파주 장단에서 직접 농사를 지으며 농서를 편찬하는 데 필요한 경험을 쌓았다. 마침내 50세부터 79세까지 30여 년 동안 시골 생활에 필요한 모든 지식을 담은 『임원경제지』 113권을 저술했다. 1842년에 완성된 이 책은 조선 최대의 실용 백과사전으로 평가받고 있다.*

서유구도 신분과 나이, 장애를 초월한 폭넓은 교유 관계를 맺었다. 위에서처럼 어린 시절에는 형 서유본과 함께 유금, 박지원에게 수학했고, 규장각 시절에는 당대 최고의 학자인 정약용, 이가환, 이서구 등과 더불어 근무했으며, 서얼 출신의 검서관인 이덕무, 박제가, 유득공, 성해응 등과 함께 일했다. 특히 앞의 이용후생학파에서 살펴보았듯이 박제가는 서유구에게 편지로 자신의 시각 장애 증세를 자세히 알려주며 임금께 사직을 허락해달라고 부탁하기도 했다.** 그만큼 두 사람은 잘 아는 사이였다. 또 성기능 장애를 갖고 있었던 남공철은 서유구보다 네 살이나 많았지만 십 대부터 줄곧 교유했고, 순조 때 서유구가 복직할 때에도 많은 도움을 주었다.

서유구 역시 형 서유본처럼 김영을 잘 알고 있었을 뿐만 아니라 그의 재능을 몹시 아꼈다. 다음은 서유구의 『금화경독기』에 실린 『역상계몽』의 서두 부분이다.

---

* 김문식, 「풍석 서유구의 학문적 배경」, 『진단학보』108, 진단학회, 2009, 2면. ; 박유상, 『풍석 서유구, 조선의 브리태니커를 펴내다』, 자연경실, 2017, 참조.

** 박제가 지음, 정민 · 이승수 · 박수밀 역, 『정유각집』하, 돌베개, 2010, 333~336면.

> 김영은 일생 동안 『주역』의 역수에 관한 학문을 연구하였다. 그 과정에서 역상을 깊이 연구하여 많은 논저를 남겼는데, 죽은 뒤로 아비의 저서를 후대에 전할 자손이 없었기에 편언척자片言隻字라도 남아 있는 것이 없었다. 나의 형인 좌소 서유본 선생이 일찍이 『역상계몽』 한 편을 수습했는데, 솥 안의 국물 맛을 한 점 살로 알 수 있다는 격이었다. 나는 그것이 그대로 사라지는 것을 안타깝게 여겨 아래와 같이 기록해 놓는다.*

김영은 『주역』에 대해서도 깊이 연구하여 많은 논저를 남겼는데, 그가 죽은 뒤에 제대로 전해지지 않아 남아 있는 게 거의 없었다. 다행히 서유본이 『역상계몽』을 수습했는데, 이것만으로도 김영의 전체적인 학문 수준을 가늠할 수 있었다. 이에 서유구가 그것마저 사라질까 걱정되어 자신의 문집에 실어두었다는 것이다. 서유구는 특히 김영의 『주역』에 대한 연구 성과를 주목했다.

---

* 서유구 저, 진재교 외 역, 『금화경독기』, 자연경실, 2019, 184면.

서영수합의 둘째아들 홍길주

홍길주(1786~1841)는 아직까지 대중들에게 많이 알려지지 않았지만, 19세기를 대표하는 문장가였다. 할아버지는 영의정까지 지낸 홍낙성이었고, 부모는 우부승지를 지낸 홍인모와 서형수의 딸 서영수합이었다. 앞에서 언급한 것처럼 서형수는 서유본·서유구의 작은아버지로 이조참판, 경기관찰사까지 지냈으나, 1806년 김달순 옥사 사건에 연루되어 유배되었다가 그곳에서 죽었다.

홍인모와 서영수합은 3남 2녀를 두었는데, 큰아들은 좌의정을 지낸 홍석주였고, 셋째 아들은 정조의 딸 숙선옹주와 결혼한 부마 홍현주였다. 그래서 집안이 지나치게 번성하는 것을 염려한 어머니 서영수합이 둘째 아들인 홍길주에겐 과거를 통한 입신출세를 포기하도록 권유했다고 한다.

실제로 홍길주는 16살에 초시에 합격하고, 22살에 진사시와 생원시에 합격했으나, 26살에 과거를 포기하고 문장가로서의 삶을 살아갔다. 물론 36살에 음직으로 관직에 나가 휘릉 참봉, 동몽교관, 장흥고 주부, 의금부 도사 등을 역임했고, 45살에 평강 현감, 48살에 보은 군수, 55살에 김포 군수 등을 지냈지만 실제 재직 기간은 매우 짧았다. 심지어 김포 군수의 경우는 재직 기간이 반년도 채 되지 않았다.[*]

---

[*] 홍길주 지음, 박무영 옮김, 『항해병함』상, 태학사, 2006, 7~11면.

홍길주는 특별한 스승 없이 집에서 부모와 형제 등에게 배워 학문과 문장을 익혔다고 한다. 특히 어머니 서영수합의 학문적 영향은 매우 컸다. 서영수합의 친정인 달성서씨 가는 수학과 천문학, 농학 등 자연과학 분야에서 당대 최고의 실학자 집안이었다. 그래서인지 서영수합도 자식들에게 경서만이 아니라 수학이나 기하학도 직접 가르쳤다. 또한 그녀는 아들과 딸을 차별하지 않고 똑같이 가르쳤다. 그 결과 딸 유한당 홍원주도 유명한 시인이 되었으며, 지금까지도 그녀의 시집 『유한당시고』가 남아 있다.* 이러한 서영수합의 자식 교육 모습은 홍길주의 문집 『수여방필』에 잘 나타나 있다.

> 내가 어렸을 때부터 부모님 곁을 떠나지 않고, 아버님께 글을 배우고 형님께 보탬을 청했다. 20살 이후 매번 아버님께서 벼슬길을 나가실 때면, 틈틈이 어머니와 안방에 마주앉곤 했다. 형님이 퇴근하면 나와 아우, 누이가 모두 어머니 앞에 빙 둘러 모시고 앉아서 받들어 귀기울인 것은 모두 선인들의 아름다운 행실이었고, 강론하고 토론한 것은 경전과 역사의 훌륭한 말씀이었다. 시간이 나면 시를 읊고 글짓기로 유희하며 노니는 기쁨을 드리곤 했다. 하루 종일 기쁘고 즐거워 세상에 눈살 찌푸릴 일이 있는 줄을 알지 못했다. 그때는 즐거움이 끝이 없으리라 여겼는데, 지금에 돌이켜 생

---

* 안대회, 『천년 벗과의 대화』, 민음사, 2011, 116~119면.

각하니 마치 까마득한 옛날만 같다. 아아! 이 같은 즐거움은 다만 우순의 조정이나 공자의 문하 이후로 처음 있는 바로서, 앞뒤로 수천 년 사이에 보태어 세 번째로 삼는다. 아아! 이생에서 어찌 다시 만날 수 있으랴. 아아, 슬프다.[*]

어머니가 자식들과 빙 둘러앉아 경전과 역사를 토론하면서 틈틈이 시를 읊고 글짓기로 노닐고 있다. 그렇게 하루 종일 시간 가는 줄 모르고 공부를 '즐기고' 있다. 홍길주는 그때를 회상하며 우임금과 순임금의 조정, 공자의 제자 교육법과 같은 반열의 즐거움이라고 하면서 한없이 그리워하고 있다.

〈농아재기〉: 농아를 즐길 뿐 근심하지 말라

홍길주는 19세기 대표적인 문장가답게 일생 동안 수많은 글을 썼다. 그의 대표적인 문집으로는 『현수갑고』, 『표롱을첨』, 『항해병함』 등이 있다. 『현수갑고』 10권은 30세까지의 저작을, 『표롱을첨』 16권은 50세까지의 저작을 자신이 직접 엮은 것이다. 『항해병함』 10권은 그의 사후에 아들 홍우건이 편찬한 것이다.^{**} 그 속에는 의약 관련 기록이 많지만, 장애 관련 기록도 몇 가지 들어 있어 홍길주의 장애 의식을 파악할 수 있다. 그

---

*   홍길주 지음, 정민 외 옮김, 『19세기 조선 지식인의 생각창고』, 돌베개, 2006, 102면.

**   홍길주 지음, 박무영 옮김, 위의 책, 13면.

대표적인 예로 〈농아재기〉를 살펴보기로 한다.

〈농아재기〉는 의사 임덕경의 집 편액에 써준 글이었다. 임덕경은 세상의 인정을 받지 못하고 곤궁하게 지내다가 경기도 죽산에 집을 지은 뒤 '농아(聾啞)'라는 편액(건물이나 문루에 다는 액자)을 걸고서 홍길주에게 그 속에 들어갈 글을 부탁했다. 이에 홍길주는 과거 자신이 겪었던 한 농아인, 즉 청각·언어 장애인 이야기로 편액의 내용을 대신했다.

예전에 홍길주가 바닷가를 거닐다가 나이가 70살 정도 된 듯한 사내를 만났는데, 귀머거리에 벙어리인 농아였다. 하지만 그 얼굴은 어린아이와 같이 환하였고, 스스로 만족해하는 눈빛이었다. 그는 하도 이상해서 말채찍으로 땅바닥에 글씨를 써서 물었다.

> "귀머거리와 벙어리는 천하의 몹쓸 병이요. 이 중에 한 가지만 있어도 평생 근심이 그치지 않을 터인데, 지금 그대는 두 가지를 같이 가지고 있으니, 그대가 하늘로부터 받은 것이 인색하기도 하구려. 그러나 내가 당신의 모습을 보니 넉넉하고도 편안하고, 그대의 얼굴을 보니 유유히 스스로 만족하고 있소. 그대는 어떤 수양을 했기에 그럴 수 있소?"

---

*   홍길주 저, 박무영·이은영 외 역, 『현수갑고』상, 태학사, 2006, 205면.

천하에 몹쓸 장애를 두 가지씩이나 갖고 있음에도 넉넉하고 편안한 얼굴을 할 수 있는 비결이 대체 무엇이냐는 것이다.

그러자 사내가 고개를 들고 입술을 벌려 약간 웃는 듯하더니, 채찍을 넘겨받아 그 왼편에다 이렇게 썼다.

"그대는 참으로 귀머거리와 벙어리를 천하의 몹쓸 질병이라고 여기오? 천하에 귀가 밝은 바로는 사광(춘추시대 음악가) 만한 이가 없을 터이나, 소리가 도달하지 못하는 곳에서는 나나 사광이나 모두 귀머거리가 되오. 천하에 말 잘하는 자로 장의(전국시대 연설가) 만한 이가 없을 것이나, 지혜로 따질 수 없는 곳에서는 나나 장의나 모두 벙어리가 되오. 하물며 넓은 천하와 고금의 오랜 시간 속에 외부에서 접하는 사물은 끝이 없고, 안에서 응하는 정밀한 사고 작용은 한계가 있소. 이때가 되면 온 천하의 사람들 중에 귀먹지 않고 벙어리 되지 않을 자가 있겠소? 사람이 하늘에서 받은 모든 것은 마음이 주관한다오. 내가 세상의 총명을 펼치고 자기 말재주를 믿어서 명예와 이익을 구하는 길에서 노는 자들을 보니, 그 마음의 병이 종종 치질·학질·문둥병의 더러움보다 더함이 있소. 이런 사람들을 두고 하늘로부터 받은 것이 온전하다고 말할 수 있겠소? 귀가 있어도 덕스럽고 정의로운 말을 듣지 않는 자는 마음이 귀머거리요, 입이 있으면서도 충성스럽고 신의로운 일을 이야기하지 않는 자는 마음이 벙어리요. 지금 내가 귀머거리에다 벙어리이지만, 귀로 들은 것을 보전

> 하고 입으로 말한 것에 부합되게 하여 모두 마음에 귀결시
> 키는데, 내 마음은 다행히 병들지 않았소. 그러니 내가 하늘
> 로부터 받은 것이 넉넉하지 않소? 이런 이유로 나는 내 병을
> 즐기면서 근심하지 않을 수 있는 것이오."*

사람의 귀와 눈은 일정한 범위를 벗어나면 무용지물이 되어 버린다. 겉으로 드러난 귀와 눈은 근본적으로 한계가 있기 마련인 것이다. 진짜 중요한 것은 마음이 귀먹고 벙어리가 되는 것인데, 자신은 다행히 마음이 병들지 않고 총명하다는 것이다. 그러므로 귀먹고 말 못하는 것을 즐길 뿐 근심하지 않는다고 한다.

그 사내는 계속해서 자신이 젊었을 때 겪은 두 가지 경험담을 들려주었다.

> "내가 젊었을 때 징험한 것이 있소. 우리 집 동쪽이 마을의
> 사당이었소. 마을의 부잣집 자식들이 날마다 모여서 술추렴
> 을 하며 노래하고 소리 지르고 쟁을 타고 질장고를 두드리
> 며 놀았소. 십 년이 되지 않아 천금의 재산을 가졌던 집들 중
> 열에 한둘도 온전한 집이 없었소. 나는 귀머거리인 덕에 선
> 천의 밭과 집을 보전하고 힘써 일해서 굶지 않고 있소. 우리
> 집 서쪽은 향교였소. 고을의 인사들은 서로 붕당을 이루고

---

* 홍길주 저, 박무영·이은영 외 역, 위의 책, 205~206면.

는 날마다 정치의 득실과 사대부의 잘잘못을 논의하곤 하였소. 그러자 관리가 된 자들이 그들의 비방을 싫어하여 그 이름을 적몰하고 쫓아내고는 향리에서 행세하지 못하도록 만들었소. 나는 벙어리인 까닭에 그 사이에서 팔을 휘휘 저으며 다녀도 정탐하는 자가 엿보지 않았소. 이처럼 귀머거리이고 벙어리인 것은 하늘이 내 삶을 이롭게 해준 것이오. 이런 까닭에 나는 내 병을 즐기면서 근심이 없을 수 있는 것이오."*

사내가 젊었을 적에 부잣집 자식들이 마을의 사당에서 술 먹고 노래하며 재산을 탕진했지만, 그 자신은 귀머거리인 덕분에 집안의 재산을 잘 보전할 수 있었다고 한다. 또 고을의 인사들이 날마다 향교에서 모여 세상을 비판하다 쫓겨났지만, 자신은 벙어리인 까닭에 온전히 지킬 수 있었다고 한다. 다시 말해 귀먹고 말 못하는 것이 도리어 자기 삶을 이롭게 해주었고, 그래서 자신은 농아를 즐길 뿐 근심하지 않았다는 것이다. 결국 홍길주는 임덕경에게 장애는 상관없고 마음이 문제이니, 농아를 즐기면서 근심하지 말고 살아가라고 당부한다.

---

* 홍길주 저, 박무영·이은영 외 역, 같은 책, 206~207면.

〈김영전〉: 김영의 죽음을 애도하다

홍길주도 신분과 나이, 장애를 구분하지 않고 폭넓은 교유 관계를 맺었다. 젊은 시절엔 비록 직접적인 교유 관계는 없었지만, 연암 박지원의 글을 보면서 문장을 사숙했다. 30살 이후에는 보다 다양한 사람들과 교유했는데, 자신보다 윗세대로는 서유구, 정약용, 김정희, 김매순 등을, 동세대로는 이여성, 윤정진, 정학연 등을, 후배 세대로는 박규수, 김낙호, 김산현 등을 들 수 있다. 그 외에 무인 상득용, 의사 진의경, 서연 등과도 가까이 지냈다.[*]

홍길주 역시 장애 인물과 교유했는데, 대표적으로 김영과 장혼을 들 수 있다. 김영은 앞에서와 같은 달성서씨 집안뿐 아니라 홍길주를 비롯한 홍씨 집안과도 잘 지냈다. 홍길주의 조부 홍낙성이 관상감의 책임자로 있을 때 김영을 정조에게 소개해주었기 때문이다. 홍길주는 김영의 사후 위의 서유본처럼 〈김영전〉이란 일종의 행장을 지었다. 그도 역시 김영의 출신과 외모, 수학에 대한 관심과 재능, 정조의 특채와 관상감 관원들의 반발, 정조 사후의 쫓겨남, 순조대의 재등용과 퇴출, 말년의 곤궁함과 죽음, 남긴 저서와 후손 등을 개괄적으로 서술하였다. 끝으로 홍길주는 아래와 같이 자기 집안과 김영의 인연을 기록하고 그의 죽음을 애도했다.

---

[*] 홍길주 지음, 박무영 옮김, 같은 책, 11~13면.

홍길주는 말한다. 나는 김영을 통해 쇠락한 세상에서는 아무런 업적도 이룰 수 없음을 알았다. 비록 이윤이나 여성의 재주를 가졌어도 이럴 뿐이니, 하물며 김영이야 말해 무엇하겠는가! 처음에 김영이 역법을 제정하는 데 참여할 수 있었던 것은 나의 작고하신 조부 효안공(홍낙성)께서 관상감의 책임자로 임금께 힘껏 아뢰었기 때문에 가능했다. 이때부터 김영은 우리 집안과 매우 잘 지냈다. 나는 젊었을 적에 수학을 좋아해서 일찍이 김영과 구고(직각삼각형의 넓이 계산법)에 관한 한두 가지 학설을 토론한 적이 있었다. 그후 나는 수학에 더욱 힘을 쏟았는데, 논술한 것이 있어 장차 김영에게 보여주고자 했으나 미처 그렇게 하기도 전에 그가 죽었다. 그래서 김영을 위해 그의 일생의 일을 적어 애도한다.[*]

홍길주도 위의 서유본처럼 신분과 나이, 장애를 넘어서 김영의 능력을 진정으로 존중했음을 알 수 있다. 또 조선 후기 신분제 사회에서 양인 출신의 김영이 뛰어난 능력을 제대로 평가받지 못함을 한없이 안타까워했다.

---

[*] 홍길주 저, 박무영·이주해 외 옮김, 『표롱을첨』상, 태학사, 2006, 170면.

장혼 어머니의 회혼연을 축하하며

홍길주는 앞의 성호학파에서 살펴본 지체 장애 중인학자 장혼과도 교유했다. 장혼은 규장각 사준으로 근무할 때 홍석주(홍길주의 형), 김정희, 김조순 등 사대부 문인들과 사귀었는데, 특히 홍석주 집안과는 더욱 친밀했다고 한다. 그래서인지 홍길주도 자신의 문집에 장혼 관련 글들을 몇 가지 실어두었다. 대표적으로 『현수갑고』권1 〈장씨 모친의 장수를 비는 자리에서 지은 시에 붙이다〉라는 작품을 살펴보자.

1813년 봄 2월, 장혼이 어머니의 회혼년(부부가 혼인한 지 60돌을 맞이하는 해)을 맞이하여 술잔을 올리며 장수를 축하하는 자리를 마련했다. 비록 아버지가 계시지 않았으나 굳이 회혼잔치를 연 것은 장혼의 지극한 효성에서 나온 행동이었다. 이때 그는 시 4장을 짓고 그 뜻을 문장으로 적은 다음, 27살 아래의 홍길주에게 가져가 보여주면서 그 뒤에 계속 이어서 글을 지어달라고 부탁했다. 이에 홍길주는 아래와 같이 상당히 긴 시를 지어 주었다.

> 회혼의 해 돌아오니
> 함께 장수하심이 경사인데
> 함께 장수하면 잔치를 하고,
> 홀로 장수하면 잔치가 없네.
> 장혼이 효성스러워
> 세월이 돌아 회혼년이 되었네.

어머니의 마음엔 지아비뿐이고

아들의 마음엔 어머니뿐이라.

고개를 바라보면서도 오르지 못하니

아픈 마음은 윤회와 같아라.

그러나 어찌 기뻐하지 않으리,

어머니는 늙도록 강령하시네.

(……)

얼굴빛을 즐겁게 하고

술상 또한 후하게,

홀어머님 모셔놓고

안주와 과일 산처럼 차렸네.

내 그 시를 읽으니

악기를 두드리는 듯

가슴속에 촉발되어

삼키려 해도 터져 나오네.

가상하구나, 그대의 봉양하는 정성

맛난 음식도 이보다 더하지 못하리.

이 노래를 이어 붙이려니

기왓장을 구슬에 잇는 듯 부끄러우이.*

---

* 홍길주 저, 박무영·이은영 외 역, 위의 책, 131~133면.

홀어머니를 위한 장흔의 효성과 성대한 잔치 모습을 마치 눈앞에서 보는 듯이 감동적으로 잘 표현하고 있다.

홍길주의 장애 관련 기록들

홍길주는 당시 유명한 시각 장애 음악가 김운란과 뒤에서 자세히 보게 될 평양의 유명한 언어 장애 서화가 조광진의 아버지 조윤철에 관한 이야기도 문집에 기록해두었다. 물론 조윤철은 장애 인물이 아니지만 조광진 관련 중요한 자료이므로 미리 살펴보기로 하자.

김운란이 비파 타는 소리,
도도히 흐르는 물과 같았네.
[김운란은 호걸스럽고 꼿꼿하여 어디에 매이는 것을 싫어하는 사람이다. 어려서 실명하였으나 악기를 잘 다루어 신령과 통하는 경지에 이르렀다]*

평양의 선비 조윤철이 그 아버지의 묘지를 지었는데, 300여 자에 지나지 않았지만 구슬프고도 간절하여 정리를 곡진히 드러냈다. 간결하면서도 편협하지 않았고, 고결하면서도 건조하지 않았다. 비록 당송 작가의 문집 가운데 두더라도 분

---

* 홍길주 저, 박무영·이은영 외 역, 같은 책, 303면.

명히 선집에 들 만했다. 하지만 살아서는 당시 세상에 이름을 드러내지 못했고, 죽어서도 집안에 전해지는 저작이 없었다. 이 작품은 그 선인의 묘지인 까닭에 겨우 남을 수 있었다. 아아! 궁벽한 고장에서 기이한 재주를 지니고도 이처럼 스러져버린 자를 또 어찌 이루 헤아릴 수 있으랴! 추사 김정희 학사가 이 글을 가지고 와서 내게 보여주므로 서로 더불어 오래도록 탄식했다.*

첫 번째는 『현수잡고』 권3 잡문기3에 수록된 시각 장애 음악가 김운란의 이야기이다. 당시 시각 장애 악사들의 당차고 멋진 활동상과 그를 흠모하는 홍길주의 장애 의식을 잘 보여주고 있다.

두 번째는 『수여방필』에 수록된 평양의 선비 조윤철의 글솜씨에 대한 예찬이다. 조윤철은 언어 장애 서예가 조광진의 아버지인데, 조광진에 대해선 뒤에서 자세히 살펴보기로 하자. 홍길주는 김정희와 함께 조윤철이 지은 묘지문을 보면서 뛰어난 재주를 갖고 있지만 세상에 이름을 드러내지 못한 지방 선비의 처지를 몹시 안타까워하고 있다. 이러한 아버지의 안타까운 처지는 그의 아들 조광진도 별반 차이가 없었다. 실학자들은 이렇게 조선의 신분제 사회에서 뛰어난 재주를 지니고도 제

---

* 홍길주 지음, 정민 외 옮김, 위의 책, 68면.

대로 능력을 펼치지 못하는 중서층 출신 인재들의 처지를 안타까워했다.

조광진은 성품이 겸손하고 조심성이 있었으며, 말이 어눌하여 눌인이라고 스스로 호를 지었다. 말을 더듬는 언어 장애를 갖고 있었으며, 조광진의 제자 차규헌도 귀가 들리지 않는 청각 장애인이었다.

6 19세기 실학자들의 획기적인 장애관

19세기에 이르러서도 실학은 다양한 형태로 발전하였다. 19세기 실학자들은 장애사의 측면에서도 중요한 업적을 많이 이루었는데, 대표적으로 추사 김정희를 중심으로 한 실사구시파와 성해응, 이규경, 최한기 등을 들 수 있다.

추사 김정희와 장애를 가진 벗들

실사구시파는 19세기 전반 추사 김정희를 위주로 한 실학파를 말한다. 실사구시(實事求是)란 사실을 토대로 진리를 탐구한다는 뜻으로, 앞의 경세치용파나 이용후생파와 달리 실증적 학문, 즉 고증학에 몰두했다.

추사 김정희(1786~1856)는 훈척 가문인 경주김씨 김노경의 장남으로 태어났다. 벼슬은 성균관 대사성, 병조참판까지 지냈다. 16살 때 박제가에게 수학하여 이용후생학을 공부했고, 24살 때에는 연행부사인 아버지를 따라 중국 북경에 가서 고증학의 대가인 옹방강, 완원에게 수학했다. 그는 당시 전성기를 맞고 있던 고증

김정희 초상, 허련, 완당선생해천일립상

학, 특히 금석학(金石學)에 관심을 갖고 공부했으며, 귀국한 뒤에도 금석학 연구에 몰두했다. 대표적으로 31살 때 북한산에 세워진 신라 진흥왕순수비를 발견하고 그 내력을 밝혀낸 것을 들 수 있다. 또한 그는 서예 분야에서도 다양한 필법을 연구하여 제주 유배기에 마침내 '추사체'라는 독특한 서체를 개발해 내었다.˙

추사도 앞의 연암 박지원과 비슷하게 자유로운 인간관계를 맺었는데, 특히 중서층 인물들과 폭넓은 교유를 했다. 위에서처럼 스승은 서얼 출신이자 중도 시각 장애인 박제가였으며, 제자가 3,000명일 정도로 많았으나 주로 여항의 시인, 역관, 화가, 서예가, 전각가 등 중서층이 많았다. 장애 관련 인물과도 신분과 지위를 초월하여 활발하게 교유했는데, 대표적으로 조광진, 장혼, 조수삼 등을 들 수 있다. 조선 후기 하층 장애사의 보고인 『추재기이』의 저자 조수삼에 대해선 앞에서 자세히 얘기했으므로, 여기에선 조광진, 장혼과의 교유 관계에 대해서만 살펴보기로 하자.

평양의 명필, 조광진

눌인 조광진(1772~1840)은 위에서 잠시 언급한 것처럼 평양의 유명한 서예가로, 그의 아버지인 선비 조윤철도 글을 잘

---

* 『실학박물관』, 2010, 105면. ; 정창권, 『천리 밖에서 나는 죽고 그대는 살아서』, 돌베개, 2020, 15~24면.

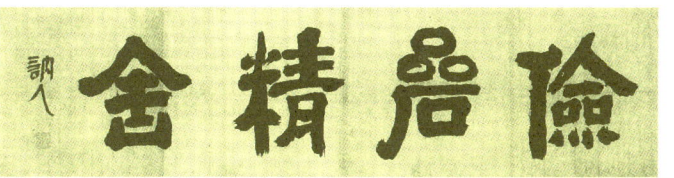

조광진 글씨, 국립중앙박물관

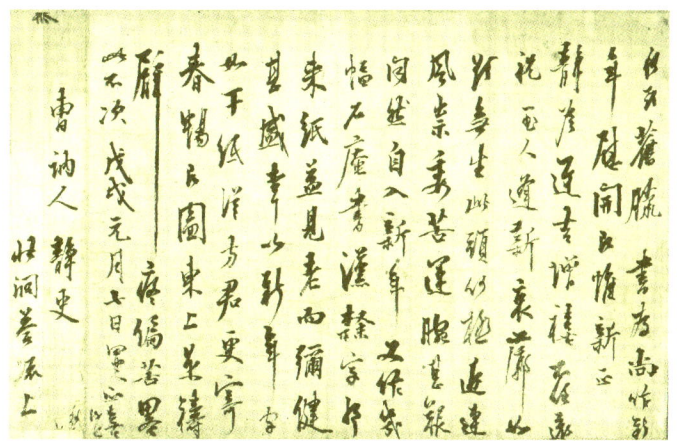

김정희가 조광진에게 보내는 편지, 국립중앙박물관

짓고 글씨를 잘 써서 추사와 교유했다. 조광진은 『일사유사』의 저자 장지연과 교유했는데, 조광진의 사후 장지연이 그의 묘지명을 써서 삶과 예술 세계를 비교적 자세히 기록하였다. 또 한재락도 『녹파잡기』에서 조광진에 관해 간단히 기록했다.

조광진의 선조는 경주 용담 사람이었는데, 11대조부터 평양으로 이주하여 살았다. 평양 함구문 안에서 살았는데, 집안은 몹시 가난했고, 슬하에 조석신, 조석춘 두 아들을 두고 있었다. 조광진은 성품이 겸손하고 조심성이 있었으며, 말이 어눌하여 '눌인(訥人)'이라고 스스로 호를 지었다고 한다. 다시 말해 말을 더듬는 언어 장애를 갖고 있었는데, 흥미롭게도 그의 제자 차규헌도 귀가 들리지 않는 청각 장애인이었다.*

그는 집이 가난하여 세상을 떠돌며 혼자서 글씨 쓰는 법을 터득했다고 한다. 다음은 장지연의 『일사유사』 권4 '조광진' 조의 서두 부분이다.

> 처음에는 집이 가난하여 사방을 떠돌며 배웠는데, 원교 이광사의 글씨를 익히고 만년에는 크게 깨달아 안진경 필법의 정수를 깊이 터득했다. 이에 전서와 예서에 금석의 기운이 있었으며, 옛 글씨를 본뜨는 데에 더욱 특징이 있었다. 행서와 초서는 유석암(청나라 정치가서예가) 같았고, 지서(指書)와 예서는 장수옥(청나라 서예가화가)에게 비길 만하였다. 그의 글씨는 쇠를 굽히고 금을 녹인 듯하여 여느 사람들의 글씨 같지 않았으니, 천전·운뢰(고대 문자)도 이보다 낫지 못하였다.**

조광진은 평생 동안 이광사와 안진경의 글씨를 혼자서 익혀 전서와 예서, 행서, 초서, 지서 등 모든 글씨체에서 최고의 경지에 올랐다는 것이다.

---

* 김석회 옮김, 『조선의 숨은 고수들』, 청동거울, 2019, 362면.
** 김석회 옮김, 위의 책, 356면.

조광진의 지두서

조광진은 붓글씨 말고도 손가락으로 글씨를 쓰는 지두서에도 아주 능하였다. 장지연의 『일사유사』에 의하면, 당대 글씨의 대가들조차 그의 지두서를 보고 최고의 찬사를 보냈다고 한다.

수 있겠는가."

또한 자하 신위는 다음과 같은 시를 남겼다.

조생의 손가락에서 오묘하고 비길 데 없으니

힘차고 뛰어난 정자 편액 솥도 들을 만하다네.

지역 한정하여 재주 논하니 끝내 좁은 식견 탓에

최치원의 시와 한석봉 글씨만 동방에서 제일인 줄.*

평양 대동강 변에 있는 정자 쾌재정에 걸려있는 조광진의 지두서를 보고 중국 사신은 물론 추사 김정희, 자하 신위 등이 몹시 아끼거나 높이 평가했다는 얘기이다. 중국 사신의 일화는 한재락의 『녹파잡기』에도 들어있는 점으로 미루어 당시 꽤 유행했던 듯하다. 조선 최고의 서예가 김정희조차 '이처럼 예스럽고도 기발하며 빼어나면서도 뛰어난 글씨를 압록강 동쪽 땅에서는 아직까지 본 적이 없다.'라고 조광진의 글씨를 극찬한 점이 매우 인상적이다.

큰글씨의 대가

조광진은 큰글씨의 대가이기도 했는데, 다음의 일화가 그것을 잘 말해준다.

의석 김응근(조선 후기 문신·서예가)이 평안도 관찰사로 있을 때,

---

* 김석회 옮김, 같은 책, 356~357면.

평남평양 부벽루, 국립중앙박물관

조광진의 글씨 쓰는 능력을 시험해보고자 하여 연광정에다가 정자의 크기만큼 두어 묶음의 종이를 이어 붙였다. 그 정자는 능히 서른 칸쯤 되었다. 또 큰 붓을 만들었는데, 절굿공이를 붓대로 삼아 그것을 먹물에 적시니 굵기가 소의 허리만 하였다. 성큼성큼 발을 옮기며 붓을 놀리는 것이 마치 개미가 쟁반 위를 다니는 것 같았다. 그는 '날개 익(翼)'자를 쓰고, 이어 '싸움 진(陣)'자를 썼다. 구경하는 사람들이 자리를 피해 난간의 목책 위에서 내려다보고 있었는데, 글씨가 한눈에 들어오지 않아서 잘 쓰고 못 쓴 것을 분별할 수가 없었다. 이에 오십여 보 밖에 걸어놓자 비로소 글씨의 오묘한 짜임새에 놀라고 말았다. 김응근이 감탄하며 "진 자는 짧고, 익 자는 길어서 성글고 조밀함이 서로 균형을 이루었으니, 손재주와 눈

썰미만으로 도달할 수 있는 경지가 아니다." 하고는 크게 상을 주었다. 취미 신재식이 그 글씨를 가지고 중국에 들어갔는데, 촉 지방의 한 선비가 그것을 얻고는 편지를 써서 조광진에게 사의를 표하고 후하게 선물을 보내왔다.*

조광진의 큰글씨 쓰는 모습을 잘 묘사하고 있다. 그가 연광정 위에서 큰 붓을 어깨에 메고 '익전'이란 글씨를 쓰는 모습이 지금도 눈에 선명하게 그려진다.

이밖에도 조광진의 필적은 평양의 명승지마다 새겨져 있었는데, 초서로 쓴 큰글씨의 '연광정' 3자, 예서로 쓴 '부벽루' 3자, 산수정의 편액, 쾌재정의 지두서이자 예서 글씨, '강산여화(江山如畵)' 등이 대표적인 작품이었다.

묵연: 먹으로 맺은 인연

당시 한양에 살던 추사는 평양에 사는 조광진과 자주 편지를 주고받으며 교유했는데, 현재까지도 조광진에게 쓴 추사의 편지가 『완당전집』에 8통이 남아 있고, 『추사 김정희: 학예일치의 경지』라는 도록에도 2통이 실려 있으며, 유홍준 선생이 따로 본 것만도 10통 가까이 된다고 한다.**

추사가 조광진에게 보낸 편지를 분석해보면, 추사는 조광

---

* 김석희 옮김, 같은 책, 358면.

** 유홍준, 『추사 김정희』, 창비, 2018, 167면.

진에게 자주 만나기를 간곡히 요청할 정도로 서로 대등하고 친근한 교유 관계를 맺었다. 또한 추사는 아래와 같이 조광진에게 글씨를 보내주도록 해서 그에 대해 품평하는 '묵연(墨緣)', 즉 먹으로 맺은 인연의 전형을 보여주었다.

> 어제 안부를 올린 바 있었으니, 이 편지와 더불어 선후하여 받으시게 될 거외다. 곧 인편에 세 통의 편지를 연달아 받았고 아울러 귀한 글씨마저 보여주시니, 마치 가난한 집이 졸지에 부자가 되어 진주와 산호가 품에 가득하고 주먹에 찬 것과 같구려.
> 여러 편액은 모두가 신묘하고 기괴하여 헤아리기조차 못할 정도이며, 송광당의 글씨는 또 전자에 비교하여 더욱 아름다우니 모르겠구려, 어느 사람이 이런 무상의 보물을 얻어 가는지요.
> 자제(조광진의 아들)는 한결같이 안온하여 어제 말한 바와 같으니 염려를 놓으셔도 될 거외다. 순안 법흥사의 기문(記文) 모본은 반드시 빠른 편에 부쳐 주시기를 전적으로 바라며, 아울러 문재도 더욱 아름답고 뛰어나시기를 비외다.*

조광진이 보낸 편지와 글씨를 받아 본 추사가 마치 최고

---

* 김정희, 『완당전집』 I, 민족문화추진회, 1995, 116면.

의 보물을 보는 것처럼 감격에 찬 목소리로 품평하고 있다. 추사는 여러 편지에서 조광진의 글씨에 대해 "신묘의 경지로 들어가고 있으니 다른 사람들은 추측할 바가 아니요", "신묘하고 기괴하여 헤아리기조차 못할 정도이며", "기이하고 웅장해서 함부로 옆에 가까이하지 못할 기세를 보이니"라고 하는 등 대체로 극찬하는 편이었다. 그만큼 조광진의 글씨가 뛰어났던 것이다.

뿐만 아니라 추사는 위와 같이 조광진의 아들을 한양으로 데려다가 옆에 두고 글씨 교육을 시키기도 했다. 그러면서 틈틈이 조광진에게 편지를 써서 아들 소식을 들려주었다. 특히 추사는 "그대의 아들이 뜻밖에 찾아와 주었으니 기쁘고 감사합니다. 그대를 보는 것과 다름 없습니다"라고 그 아들로서 아버지 조광진을 보는 것처럼 여겼다. 추사는 진정으로 조광진을 좋아하고 존경했던 것이다.

추사와 장혼의 교유시

장혼은 앞에서 살펴본 것처럼 가난한 지체 장애 중인학자로, 규장각 사준으로 일하면서 홍길주, 김조순, 김정희 등 양반 사대부 문인들과도 교유했다. 앞에서 27살 아래의 홍길주가 장혼의 어머니 회혼례에 관한 시를 지어주었듯이, 27살 아래의 추사도 장혼이 남산에 올라 쓴 시에 화답시를 지어준 적이 있었다.

장혼의 나이 70살 때 하루는 남산에 올라 갑자기 시적 감흥이 용솟음쳐서 곧장 5편의 시를 읊어 추사에게 보냈다. 추사는 그 시가 너무도 호장하여 마치 '벽돌을 던져 옥을 건진 격'이라고 하면서, 그에 대한 화답시를 지어 보냈다.

> 그대는 칠십 년을 다릿병 앓았는데
> 이 몸은 다릿병 앓은 것이 겨우 이 년
> 칠십 년을 앓은 이는 앓지도 않은 듯이
> 그 걸음 구애없어 자연스런 그대론데
> 이 년을 앓는 병은 그게 바로 고질이라
> 막대 짚고 일어나다 넘어질까 근심하네
> 비바람에 문을 닫고 감히 나질 못하는데
> 그대의 탄 가마는 훨훨 날아 신선 같네
> 온조성 꼭대기에 봄조차 한량 없어
> 꽃사이에 술마시고 꽃사이에 조으누나
> 꽃 하나에 시 하나라 그 시가 만에 또 만
> 화신(花神)이 필경에는 시신(詩神)에게 얽히었네
> 화신은 그 괴로움을 견디다 못해
> 녹장(蔍) 올려 하늘에 하소연하니
> 하늘 또한 장건(다리를 저는 장호)에겐 어쩔 수 없는 거라
> 화신이여 화신이여 속절없이 가련키만[*]

---

* 김정희, 『완당전집』Ⅲ, 민족문화추진회, 1995, 78~79면.

이 시에는 추사의 장애 의식이 잘 나타나 있다. 장혼은 칠십 평생을 절름발이 지체 장애인으로 살았지만, 추사는 다릿병을 앓은 지 겨우 2년밖에 되지 않았는데 막대를 짚고 조심스레 일어나거나 문밖 출입도 못하고 있었다 한다. 그럼에도 장혼은 신선처럼 훨훨 날아 남산 꼭대기에 올라 꽃구경하며 술 마시고 시를 지어 보냈다는 것이다. 결국 추사는 장애란 살아가는 데 별다른 걸림돌이 되지 않으며, 오히려 그 마음과 태도가 문제라고 말한다.

실학자들이 쓴 장애의 역사

성해응, 〈김영철전〉: 전쟁과 장애

19세기 실학자 가운데는 장애의 역사를 기록한 이들도 있었다. 물론 장애사만을 본격적으로 연구하여 종합적인 저서를 집필한 것은 아니지만, 부분적으로나마 관심을 갖고 기록했다는 것만으로도 중요한 의의를 갖고 있다. 그 대표적인 19세기 실학자로 성해응과 이규경을 들 수 있다.

성해응(1760~1839)은 호가 연경재로, 경학과 사학 분야에 정통한 실학자였다. 서얼 출신으로서, 정조 때 규장각 검서관이 되어 이덕무, 유득공, 박제가 등과 교유하면서 박학적이고 고증학적인 학문 경향을 갖게 되었다. 정조 사후 통례원 인의, 금정 찰방, 음성 현감 등을 지내다가 1815년 관직에서 물러나 고향 포천에 은거하며 150여 권에 달하는 방대한 『연경재전집』을 저술했다.* 그중에서도 특히 「초사담헌」은 통일신라 말엽부터 18세기 중엽에 이르기까지 순절, 순난(殉難), 충의, 병의(秉義) 등의 인물 139명에 관한 역사를 기록한 인물전이다. 또한 그 속에 들어 있는 〈김영철전〉은 '전쟁과 장애'에 관련된 매우 중요한 기록이다.

물론 이러한 전쟁 속 장애인의 삶에 대해선 성해응의 아버지 성대중의 『청성잡기』에도 한 편이 수록되어 있다.

호렵도, 국립중앙박물관

신풍장씨의 서자 중에 몸이 날랜 자가 있었는데, 어릴 적 고양이를 쫓아 담장을 넘다가 잘못하여 칼날을 밟아 절름발이가 되고 말았다. 병자호란 때 식구들은 모두 피난을 갔으나, 그는 따라갈 수가 없어 도성 안에 숨어 지냈다. 하루는 오랑캐 둘이 그

---

* 성해응 지음, 손혜리·이성민 옮김, 『연경재 성해응의 초사담헌』, 사람의 무늬, 2015, 15~18면.

의 집으로 들어와 장독대에서 동치미 국물을 찾아 마시고 있었다. 절름발이는 그것을 보고 문을 밀치고 뛰어나가 두 사람을 덮쳤다. 오랑캐들은 독 속에 처박힌 채 그대로 젓갈이 되고 말았다. 전쟁이 끝난 후 절름발이가 두 오랑캐의 귀를 잘라 바치니, 조정에서 그에게 무공으로 벼슬을 내렸다고 한다.*

성해응의 〈김영철전〉은 이보다 훨씬 자세하고 분량도 길게 기록되어 있다. 김영철이란 한 군사가 전쟁통에 겪은 실제 이야기인데, 성해응의 기록 말고도 홍세태(1653~1725)의 『유하집』에도 유사하게 기록되어 있다.

1618년 명나라가 후금(청나라)을 정벌하기 위해 조선에 출정을 요구하자, 광해군은 강홍립을 도원수로 삼아 군대를 출동시켰다. 그때 김영철은 김응하 부대에 소속되어 요동의 심하에서 전투를 벌이다 패배하여 후금에 항복하였다. 김영철이 참수될 찰나에 후금의 장수 아라나가 누루하치(청태조)에게 "제 아우가 이번 전투에서 죽었습니다. 이 사람의 생김새가 제 아우와 닮았으니 살려주십시오."라고 요청하여 목숨을 살린 뒤 자기 집으로 데려갔다. 김영철은 명나라 등주 사람 전유년과 함께 마굿간에서 일했는데, 반년 후 한밤중에 달아나다 붙잡혀 왼쪽 발뒤꿈치를 잘렸고, 또 도망치다 붙잡혀서 오른쪽 발뒤꿈치를 잘렸다. 결국 김영철은 제대로 걸을 수 없는 지체 장애인이

---

* 성대중 지음, 박소동 엮음, 『궁궐 밖의 역사』, 열린터, 2007, 104~105면.

되었다. 아라나는 김영철이 또다시 도망칠 것이라고 여겨 죽은 아우의 아내를 그와 결혼시켰다. 김영철은 그녀와의 사이에서 득북과 득건이라는 두 아들을 낳았다. 아라나는 다시 김영철에게 중국인 전유년과 함께 강가로 가서 말을 기르게 했는데, 전유년이 "내가 종군한 지 오래되어 오랑캐 지역의 형세를 잘 알고 있소. 이 말들은 천리마이니, 4~5일이면 요녕과 금주에 당도할 것이오."라고 하면서 명나라로 도망가자고 했다.

김영철과 전유년이 죽음을 무릅쓰고 명나라로 가자, 천자가 소식을 듣고 옷과 음식, 황금을 하사했다. 전유년은 자신의 누이를 김영철의 아내로 삼게 했는데, 여기에서도 그는 득청과 득중이라는 두 아들을 얻었다. 1630년 10월, 조선의 사신이 탄 배가 김영철이 사는 등주에 정박했는데, 뱃사공 이연생이 그와 동향인 평양 사람이었다. 김영철은 그 배의 밑바닥에 숨어서 명나라를 탈출하여, 꿈에도 그리던 고향 평양으로 돌아갔다. 김영철의 조부와 모친은 모두 무사했고, 부친은 이미 전사했다. 같은 마을에 사는 부자 이군수가 김영철을 효자로 여겨 자기 딸을 그에게 시집 보냈다.

1640년 청나라가 명나라를 침략할 때 조선의 임경업으로 하여금 수군을 이끌고 와서 도와주게 했다. 임경업은 김영철이 중국어와 만주어에 능통할 뿐 아니라 명나라와 청나라의 사정에 밝다는 것을 알고 그에게 몰래 명나라로 보내는 편지 심부름을 시켰다. 이듬해에도 김영철은 조선의 장수 유림을 따라 전쟁에 참여하게 되었는데, 청나라 장수 아라나가 진중에서 김영철을 알아보고는 곧장 포박하여 죽이고자 했다. 다행히 장수 유림이 몸값을 후하게 치러주고, 과거 후금에 있을 때 낳은 자식이 종군했다가 아버지를 만나 서로 부둥켜안고 슬피 울었다.

이후 1658년 조정에서 평안도에 있는 자모산성을 보수할 때 군역을 면제해주는 조건으로 성을 지킬 병사를 모집했다. 김영철은 종군의 고달픔을 생각하며 아들 넷을 데리고 그곳에 들어가 살았다. 그는 이따금 산성에 올라 북쪽으로 건주를 바라보고, 서쪽으로 등주를 바라보며 처량하게 눈물을 흘렸다. 한번은 그가 어떤 사람에게 말하기를 "처자식은 나를 저버리지 않았는데, 나는 실로 그들을 저버려 죽을 때까지 슬프고 한탄스럽게 만들었으니, 내가 이처럼 곤궁하게 된 것은 당연한 일이다. 그러나 이역에 떨어졌다가 끝내 부모의 나라로 돌아왔으니, 또한 무엇을 한스러워하겠는가."라고 하였다. 김영철은 20여 년 동안 성을 지키다가 84세의 나이로 세상을 떠났다고 한다.[*]

〈김영철전〉은 '전쟁과 장애'에 관련된 몇 가지 중요한 정보를 알려주고 있다. 우선 김영철은 지체 장애를 입은 후 계속 말이나 나귀를 선물 받아 타고 다녔는데, 당시 지체 장애인에게 있어서 말은 오늘날의 휠체어와 같았음을 알 수 있다. 또 김영철은 양쪽 발의 뒤꿈치가 없어 제대로 걸을 수 없는 지체 장애인이 되었음에도 청나라, 명나라, 조선에서 각각 결혼하여

---

[*] 성해응 지음, 손혜리·이성민 옮김, 위의 책, 121면.

3명의 아내와 8명의 자식을 두고 있었다. 당시 사람들에게 있어서 장애는 결혼하지 못할 정도로 커다란 결함이 아니었던 것이다. 나아가 김영철은 지체 장애를 입고 조선으로 돌아와서도 또다시 편지 심부름꾼으로서 전쟁에 참여하고 있다. 다시 말해 조선시대에는 장애인도 전쟁에 참여할 수 있었던 것이다.

〈가산동자〉, 〈곽씨아들〉: 두 기이한 인물 이야기

이 밖에도 성해응은 『초사담헌』에서 어릴 적 갑자기 거인이 된 두 기이한 인물을 기록하고 있다. 〈가산 동자〉와 〈곽씨 아들〉이 바로 그들이다. 앞에서 이덕무가 양성인 사방지를 장애가 아닌 단지 기이한 인물로 보았듯이, 성해응도 이들 거인을 장애가 아닌 기이한 인물로 보고 있다. 그러고는 유교적 재이관에 따라 빨리 죽어서 후환을 없애야 하는 것처럼 기록하고 있다.

먼저 가산 동자는 그 어미가 아들이 없어 가산에 있는 절에서 기도하여 미륵불의 점지를 받고 낳은 자식이었다. 16살 때 갑자기 몸이 비대해져 마치 미륵불처럼 커졌다. 그의 처갓집이 이웃 마을에 있었는데, 가산동자가 소를 타고 처가에 가다가 소 세 마리의 척추가 부러져 죽을 정도였다. 그는 모자 다섯 개를 이어서 썼고, 손가락은 팔둑만 하고, 팔뚝은 넓적다리만 하고, 넓적다리는 허리만 하였다. 하루에 먹는 것도 세 동이의 밥과 세 동이의 국이었다. 동자의 집은 본래 부자였는데, 그 때문에 재산이 거덜나고 말았다. 그는 스무 살에 죽었다고 한다. 이렇게 성해응은 동자를 장애인이 아닌 갑자기 거인이 된 기이한 인물로 보았고, 재이관에 따라 일찍 죽는 게 다행이라고 여겼다.

곽씨 아들은 현풍곽씨로, 임진왜란 때 의병 곽재우의 일족이었다. 그 아비는 별장이었는데, 늙도록 자식이 없다가 70세가 넘어서야 비로소 얻은 아들이었다. 그런데 아들의 몸이 갑자기 커져 3~4살 때 벌써 나무를 해서 부모의 방을 따뜻하게 하니, 마을 사람들이 모두 기이하게 여겼다. 어떤 이가 유교적 재이관에 따라 "이 아이는 훗날 재앙이 될 것이니 어찌 지금 없애버리지 않겠소."라고 말하며 당장 죽이도록 했지만, 부모는 자식을 사랑하여 실행하지 못했다. 아이가 그 사실을 알고 부모에게 인사하고 말하기를 "제가 거인이 된 것이 죄는 아닙니다만, 이웃 사람들에게 의심을 받으니 멀리 떠나겠습니다."라 하고는 집을 떠나갔다. 하지만 부모가 병이 날 때마다 아이는 밤에 나무 섶을 지고 와서 방을 따뜻하게 해주었다.

몇 년 후 아이는 압록강을 건너 중국 연경에 들어가 황극전 옆에 숨어 있다가 강희제(청나라 4대 황제)에게 붙잡혔다. 심문을 마친 뒤 강희제가 "너는 어디로 가고 싶으냐?"라고 묻자, 아이는 "조선으로 돌아가고 싶습니다."라고 했다. 강희제가 "너는 조선으로 돌아가면 필시 죽임을 당할 것이니, 중국에 머무르는 것이 나을 것이다. 내가 너에게 벼슬을 주마."라고 하자, 아이가 "안 됩니다. 조선으로 돌아가 부모님을 뵙고 죽는다면 여한이 없을 것입니다."라고 하니, 강희제가 어쩔 수 없이 그의 말대로 조선으로 돌아가게 해주었다. 당시 조정에서 그를 살려주자는 논의가 있기도 했으나, 민정중이 죽여야 한다고 말하여 그의 고향 현풍현에서 효수되었다.

이와 같이 조선시대 사람들은 유교적 재이관에 따라 몸집이 큰 거인을 기이한 인물로 여기고, 후환을 막기 위해 미리 없애려고 하였다. 결국 앞의 양성인처럼 거인에 대해서도 조선시대 사람들은 장애라기보다는 기이한 인물로 여겼으며, 일찍 죽여 없애야 하는 부정적 대상으로 인식했음을 알 수 있다.

이규경, 〈명통시 변증설〉: 시각 장애인 소사(小史)

19세기 박물학자 이규경(1788~1856)도 장애의 역사, 특히 시각 장애인 소사(小史)를 기록했다. 이규경은 서얼 출신으로, 앞서 살펴본 이용후생파 실학자이자 71권 33책의 백과전서적 문집인 『청장관전서』의 저자 이덕무의 손자였다. 이규경은 그러한 집안의 고증학적이고 박학추구적 학문 전통을 이어받아 60권 60책 『오주연문장전산고』를 지었다. 이 총서는 역사, 불교, 성리학, 도교, 천문, 지리, 서학, 풍속, 농업, 상공업 등의 1,417개 항목에 대해 고증학적으로 변증한 것인데, 조선시대 가장 대표적인 백과전서이다.*

이규경은 이 총서의 〈명통시에 대한 변증설〉에서 일종의

---
* 『실학박물관』, 2010, 116~117면.

'시각 장애인의 역사'를 기록했는데, 조선시대 시각 장애인의 거주지, 직업, 역사, 생활, 예술, 단체활동 등 다양한 사실들을 중국의 문헌까지 동원하여 상세히 기록하고 있다. 조선 후기 실학자의 장애에 대한 관심과 이해가 얼마나 컸는지 가장 잘 보여주는 자료가 아닐까 한다. 그러므로 우리는 이 자료를 차례대로 가급적 전모를 살펴보기로 하자.

점복 맹인들

이규경은 먼저 우리나라 맹인은 해서(황해도)의 봉산, 황주 등지에서 많이 살고 있다고 했다. 그 이유에 대해선 "세상에 전하는 말에 의하면, 해서에는 땅이 꺼지는 재변이 있었기 때문에 맹인이 많다고 하는데 그 말이 사실이다."라고 말했다. 1938년 조선총독부 사회과에서 조사한 바로는 당시 황해도에 1,203명의 맹인이 살고 있었다고 한다.* 공교롭게도 〈심청전〉의 심봉사가 사는 곳도 황해도 황주 도화동이었다.

다음으로 이규경은 조선시대 시각 장애인의 직업과 그 영업 방식에 대해 고증하고 있다. 맹인은 눈이 보이지 않기 때문에 사민(사농공상)에 끼지 못해 의식을 해결할 수 없으므로, 으레 점복을 배우고 겸하여 경문(도경이나 불경 따위를 말하는데, 이것을 외워서 잡귀를 몰아내고 병을 다스린다)

---

* 정창권, 『근대 장애인사』, 사우, 2019, 158면.

이나 주문을 외워 생활을 영위했다고 한다. 또 그들은 사제간의 질서가 매우 엄중했다고 하는데, 이에 대해서는 아래의 명통시를 얘기할 때 좀더 자세히 설명하고자 한다.

당시 시각 장애인은 항상 산통과 점대를 휴대하고는 서로 지팡이를 짚고 길거리를 다니면서 '신수들 보시오(問數)'라고 외쳤는데, 그 소리가 마치 노랫소리와 같기 때문에 사람들이 가만히 앉아서도 점복 맹인이 지나가는 것을 알 수 있었다. 그들을 불러서 점을 보면 복채로 양식을 받았고, 설령 점괘가 맞지 않더라도 한 번 받은 곡식은 돌려주지 않았다.

김준근, <복자점치고>, 국립민속박물관

이규경은 조선의 유명한 점복 맹인으로 홍계관, 유은태, 함순명, 합천맹인 등을 꼽았다. 그런 다음 대표적인 신복(神卜)으로 홍계관과 어떤 맹인의 사례를 들려주었다.

> 홍계관은 쥐 한 마리를 다섯 마리라고 하였다가 사형을 당하게 되었을 무렵에 쥐의 배를 갈라서 실험해 보기를 원하므로, 그 쥐를 잡아서 배를 갈라 보니, 새끼 네 마리가 들어

있어 과연 어미 쥐와 합해 다섯 마리였다. 이리하여 세상에서 그를 신복이라 하였다.

잠곡 김육의 『필담』에,

"임오년 무렵에 성이성이 합천 군수로 있을 때, 어떤 맹인이 소송을 제기하기에 그 일을 처리하고 나서 그에게 '네가 점을 칠 줄 아느냐?' 하고 묻자, 그가 '조금 배웠습니다.' 하였다. 그래서 국운의 길흉을 말해 보라 하니, 그가 '명년 4월 아무 날 서방에서 군사를 일으키면 동북방에서 이를 다시 이어 크게 군사를 일으킴으로써 왕실이 교체될 것입니다.' 하였다. 성이성이 '이런 요망한 말을 어디서 하느냐?' 하며 빨리 그 맹인을 내쫓도록 하였는데, 과연 갑신년(인조 22년, 1644)에 이르러 이자성이 산서에서 반란을 일으켰고, 이어 청나라가 처들어옴으로써 명나라 의종이 순절하고 나라가 종말을 고하였으니, 그 날짜도 틀리지 않았다." 하였다. 그러나 근래에는 시원찮은 점쟁이만이 있을 뿐이다.*

이규경은 정말 신이한 점복 맹인이라면 홍계관처럼 눈에 보이지 않는 부분까지 귀신같이 알아 맞히고, 인조대의 어떤 맹인처럼 국운, 즉 나라의 운명까지도 정확히 맞출 줄 알아야 한다고 했다. 하지만 날이 갈수록 그런 점복 맹인이 없다는 것

---

* 이규경 지음, 『오주연문장전산고』ⅩⅩ, 민문고, 1967, 105면.

이었다.

그럼 조선시대 맹인의 사회적 지위는 어떠했을까? 근대 이후 기독교 선교사들이 말하듯이 그들은 단지 미신을 좇는 자이고, 사회적으로도 매우 천대받는 불쌍한 존재들이었을까? 하지만 이규경은 조선시대엔 아무리 정1품 정승일지라도 맹인들을 '너'라고 천대하지 않고 '자네'라고 중간 정도로 대했다고 한다. 그래서 조선 사람들은 실명하면 신분 고하를 막론하고 너나없이 점복을 배워 점을 쳤다는 것이다.

> 아무리 일품의 재상일지라도 맹인을 만났을 때는 '너'라는 천한 말로 대하지 않고 중인 정도로 대한다. 간혹 살다가 실명하여 앞을 보지 못한 사람도 남의 안방에 드나들면서 점을 치고 신수를 보곤 하니 이야말로 해괴망측한 일이다.[*]

시각 장애인의 생활 능력

선행 연구자들은 〈심청전〉의 심봉사처럼 조선시대 시각 장애인은 눈이 보이지 않기 때문에 스스로는 아무것도 할 수 없고, 오롯이 주변 사람들의 돌봄에 의해서만 살아갔다고 주장하곤 했다. 하지만 이규경의 증언에 의하면, 실제로는 전혀 달

---

[*] 이규경 지음, 위의 책, 105~106면.

랐고 오히려 눈 밝은 사람보다 잘살았다고 한다.

> 대체로 맹인들은 길을 다니는 데 있어 밤낮을 가리지 않고, 또 아무리 한 번도 가보지 않은 두메산골이라도 한 번만 들으면 척 알고 평소 다니던 곳처럼 잘 찾아가곤 하여 눈이 밝은 사람보다 도리어 낫다.
> 그들이 자녀를 낳았을 경우에는 손으로 만져만 보고도 곱고 미운 것을 알며, 조그마한 칼을 손에 쥐고 종이를 잘라 인형을 조각하는 데도 오체가 온전하여 치수도 틀리지 않게 한다. 그리고 부싯돌을 치고 담배를 썰거나, 투전·골패·쌍륙·장기 등의 놀이에도 일반인과 다를 것이 없이 잘한다. 여자 맹인 또한 바느질과 길쌈하는 일이 눈 밝은 여자보다 오히려 낫다.
> 정신이 한 번 이른 곳에는 형체가 없는 것을 마음으로 보아서 온몸에 보이는 눈이 있다. 속담에 '장님은 상상으로 눈을 삼고 손으로 본다.' 하였으니, 그 말이 거짓이 아닌가 보다. 또한 석가가 이른바 육근(눈, 이, 코, 혀, 몸, 뜻)이 서로 작용한다는 것이 아닌가 싶다.[*]

조선시대 맹인들의 이동과 생활 능력을 잘 보여주고 있다. 맹인들은 밤낮을 가리지 않고, 처음 가는 길도 잘 찾아다녀서

---

[*] 이규경 지음, 같은 책, 106면.

오히려 눈 밝은 사람보다 나을 정도였다는 것이다. 그밖에 출산과 육아, 불 켜기, 각종의 놀이, 바느질과 길쌈도 일반인과 다를 것 없이 잘하였다. 그 이유는 눈이 보이지 않으면 마음이나 손으로 세상을 보게 되며, 온몸은 서로 연결되어 있어서 눈이 보이지 않으면 다른 기관들이 그것을 대신할 수 있기 때문이라는 것이다.

시각 장애인은 조각이나 그림, 시 등 예술적 능력도 뛰어났다. 이규경은 그 대표적인 사례로 중국 평양의 가씨라는 조각가, 조주의 승려 화가, 당훈과 여순 및 맹웅필 등의 시인을 들었다. 조선의 경우는 김성침과 홍씨라는 시인 부부를 들고 있다.

중국 원호문의 『속이견지』에,
"평양에 사는 가씨라는 늙은이는 눈을 보지 못하면서도 불상을 잘 조각하여 불상의 상호가 단정하고 엄숙하였다. 그는 불상을 만들 때 맨 처음 목재를 앞에 세워 놓고 손으로 매만져 모형을 구상하다가 마음에 깨달은 바가 있으면 자귀를 바람처럼 휘둘러 조각하였다. 또 조주의 장님 중은 먹물을 입으로 뿜어서 그림을 그렸고, 그림 위에 오색 물감을 포치할 때도 입으로 뿜어서 하였다. 보 재거의 집에, 나무 밑에 범 한 마리가 쭈그리고 앉아 있고 그 옆에는 푸른 색깔의 작은 범 한 마리가 누워있는 그의 그림이 소장되어 있는데, 범의 눈이 마치 금빛처럼 번쩍거렸다. 조막착의 그림도 이보다 나을 수 없다."

하였다. 중국 왕사진의 『지북우담』에,

"동강에 사는 동자 당훈이 5세에 장님이 되었는데, 12세가 되었을 때에 지은 시가 썩 좋은 것이 많았다. 그의 선대에 자가 중언인 여순이란 사람도 장님인 데다 시에 능하여 당시(唐詩)에 주를 달았다. 그리고 영평의 맹웅필이 젊어서 장님이 되었는데, 글읽기를 좋아하고 한 번 들은 것은 다 외웠으며, 일찍이 당나라 50인의 시를 선집하였으니, 이 또한 기이한 사람이다."

하였다. 조선의 신돈복이 말하였다.

"처사 학산 김성침이 5세 되던 해에 두창을 앓다가 두 눈을 못 보게 되었는데, 천성이 매우 슬기롭고 영리하였다. 그의 아버지가 서전(書典)을 가르쳐 문리가 트인 후에는 날마다 남이 글 읽는 소리를 듣고 따라 읽었는데, 한 번 들으면 대번에 외우곤 하여 많은 책을 열람하였다. 그는 글 짓는 것이 남의 표본이 될 만하고, 시 또한 청절하였다. 그의 저서에 『잠와집』 2권이 있다.

그의 아내 홍씨는 홍만적의 딸로 김성침보다 나이가 한 살이 위인데, 그 역시 5세에 장님이 되었다. 그러나 뛰어난 효행과 훌륭한 행실이 있었다. 『소학』, 『내훈』 및 다른 서책을 배웠는데, 한 번 읽은 것은 잊지 않았고 시도 잘 지어서 시가 매우 청절(清絶)하였다. 김성침과 결혼한 이후 50여 년 동안 해로하면서 집안을 다스리고 자녀를 교육시키는 데 모두 법도가 있어 훌륭한 사표가 되었으니, 이는 참으로 전대에 듣지 못했던 일이다."*

먼저 중국 평양의 가씨라는 노인은 눈을 보지 못하면서도 불상을 잘 조각했고, 조주의 장님 승려는 먹물을 입으로 뿜어 그림을 그렸으며, 송강의 동자 당훈과 그의 선조 여순, 영평의 맹웅필 등도 장님이지만 시를 잘 지었다는 것이다. 다음으로 조선의 처사 김성침과 그의 아내 홍씨도 남의 글 읽는 소리를 듣고 암기하는 방법으로 『잠와집』 2권을 남겼다고 한다. 김성침과 홍씨의 이야기는 신돈복(1692~1797)의 야담집 『학산한언』에서 거의 그대로 가져와 인용한 것이었다. 다만 『잠와집』 2권은 계속 찾고자 노력해도 아직까지 발견되지 않고 있다.

명통시 고증

이규경의 시각 장애인 역사에 대한 고증학적 학문 방법은 '명통시 고증'에서 가장 빛을 발한다. 조선 전기엔 시각 장애인 집회소이자 동업조합 및 점복, 독경 등 직업교육을 하는 곳으로 명통시(明通寺)를 두고 있었다. 이규경은 성현의 『용재총화』에 기록된 명통시에 대해 짧게 소개한 후, 그곳의 위치, '사'가

---

* 이규경 지음, 같은 책, 106~107면.

아닌 '시'라고 한 이유, 명통이라고 한 이유에 대해 자세히 고증하고 있다.

> 허백당 성현의 『용재총화』에 다음과 같이 적혀 있다.
> "도시 복판에 명통시가 있었는데, 장님들이 모이는 곳이었다. 장님들은 초하루와 보름에 한 번씩 모여 경문을 외며 축수하는 것을 일삼았는데, 그중에 높은 사람은 당으로 들어가고 낮은 사람은 문을 지키면서 겹문에 창을 세워 놓으므로 사람이 마음대로 들어가지 못한다."
> 지금 도성 안의 남쪽 영희전(역대 임금의 어진을 봉안한 궁궐)의 뒷골목 하마비의 건너편에 이른바 '맹청(盲廳: 맹인 단체의 모임 장소)'이라는 것이 있으니, 이것이 바로 옛날 명통시가 아닌가 싶다. 이미 시(寺)라 칭하였으니, 이는 곧 관서의 호칭인데, 장님에게 관청을 설치할 리가 없고, 시라 이름한 것은 알 수 없는 일이다. 이를 테면 국(局)이라는 것도 관사의 호칭인데, 내의원을 약국이라 한 것으로 인하여 개인 점포에서도 약을 팔면 문득 약국이라 호칭한 예가 같은 것이 아닌가 싶다. 맹인을 세속에서 판사라 호칭하니, 판사는 바로 각사 장관의 호칭인데, 장님에게 이 호칭을 쓰는 것은 외람된 일이다. 아무튼 이미 판사라고 칭해왔기 때문에 그들이 모인 청(廳)도 시라고 칭했나 보다. (……)
> 시의 호칭을 명통(明通)이라 한 것도 우의이고 보면, 이 또한 맹인 스스로가 호칭한 것은 아닌 듯하다. 여기에 대한 고사

가 반드시 있을 것이나 상고할 만한 사적이 없다. 맹인이란 혼돈세계 속에서 사는 사람으로 그 욕망은 오직 명통에 있으므로, 그 청을 그렇게 이름한 것이다. 그러나 맹인이란 눈을 뜨이지 않았으나 마음으로 사물을 보고, 또 귀는 어둡지 않아서 밖의 소리를 훤히 들을 수 있어 이루의 밝은 눈과 사광의 밝은 귀에 다름 없으니 어째서인가. 이는 다름이 아니라 뜻이 전일(專一)하여 정신이 흩어지지 않기 때문이다. 명통의 의의도 여기에 있는 것이 아닌가 한다.*

위의 인용문은 세계 최초의 장애인 단체인 명통시에 관한 19세기 이규경의 고증이기에 보다 자세히 살펴볼 필요가 있다.

먼저 이규경은 성현의 『용재총화』에 의거하여 조선 전기 명통시에 대해 간략히 소개해준다. 명통시는 서울의 한복판에 위치해 있었고, 맹인 판수들이 모여 단체활동을 하는 중세 서양의 길드, 즉 동업조합과 같은 곳이었다. 또 그들은 매달 1, 15일마다 함께 모여 독경과 주술을 하며 후진을 양성했는데, 그 규율과 출입이 매우 엄격할 정도로 조직 체계와 권위가 막강하였다.

그런 다음 이규경은 본격적으로 명통시에 대해 규명해 나간다. 19세기 남부 훈도방에 영희전(현 남부경찰서, 영락교회 자

---
* 이규경 지음, 같은 책, 107~108면.

리)이 있었는데, 그 건너편에 맹청이란 맹인 단체의 건물이 있었다. 이규경은 그것이 바로 조선 전기 명통시가 아닐까 추정했다.

그는 다시 조선 전기 맹인들이 '명통시(明通寺)'라고 '절 사(寺)'가 아닌 '관청 시(寺)'라고 한 것에 대해 고증한다. 조선 정부가 맹인들에게 관청을 설치해 줄 리가 없는데, 그들이 함부로 '관청 시'라고 한 것에 대해 이해할 수가 없다는 것이다. 이규경은 그것을 맹인들이 관청의 권위에 의탁하여 자신들의 단체에 대한 공신력을 높이려 한 의도로 보았다. 예를 들어 서울의 개인 약업사들이 내의원(당시 사람들은 통상 내의원을 약국이라 호칭했다고 한다)이란 관사에 의탁하여 '약국'이라고 한 것과 같은 이치라는 것이다. 또 맹인들은 스스로 '판사(판수)'라고 높여 호칭함으로써 사람들도 그에 따라 맹인을 흔히 '판사(판수)'라고 부르곤 한다는 것이다. 그런데 이 판사(판수)라는 호칭도 사실은 장관(정2품)의 호칭인데, 맹인들은 외람되게도 그렇게 써서 자신들의 권위를 높이려 한다고 했다. 조선 후기 맹인들도 이러한 자신들의 오랜 전통에 따라 '맹청(盲廳)'이라고 '관청 청'을 붙여 권위를 높이려 하고 있다고 추론했다.

그럼 명통시의 앞에 '명통(明通)'이라고 붙인 이유는 뭘까? 이규경은 우선 그것을 맹인은 혼돈세계에 살므로 밝게 눈을 뜨고 싶다는 바람에서 붙인 것이 아닐까 했다. 하지만 다시 맹인은 비록 눈이 보이지 않지만 마음으로 세상을 보고 귀로도 밝게 세상을 보고 들을 수 있으니, 이는 정신과 뜻을 집중시키면 얼마든지 가능한 일이라고 했다. 이처럼 그들은 이미 명통한 존재이기 때문에 당당하게 '명통'이란 이름을 붙였을 것이라 추론했다.

결국 이규경은 명통시(明通寺)의 명통은 '맹인도 밝게 보는 존재'이며, 시는 '관청과 같은 권위 있는 곳'이라는 의미로 붙여진 이름이라고 고증했다.

시각 장애인의 어가 인도 풍습

이규경은 당시 맹인들이 임금의 거둥 때 어가를 인도하는 풍습도 위의 명통시와 같은 맥락으로 보았다.

> 임금이 능침을 알현하기 위해 거둥할 때에는 어가가 궁궐 밖으로 나갈 때나 돌아올 때에, 여러 맹인이 으레 도포를 입고 떼를 지어 성 밖으로 나가 어가를 공경스럽게 전송하고 공경스럽게 맞아들이는 등 조정의 벼슬아치들과 반열을 같이 하니 매우 해괴한 일이다. 어느 때의 법을 본받아서 그러는지 알 수가 없다. 그러나 하은주 시대에는 장님을 시켜 시를 외고 북을 두드리게 하였으니(시를 외워 바른 일을 말하고, 북을 두드려 임식이나 필식을 먹었다), 이는 『주례』에서 상고할 수 있다. 그들은 또 음악을 맡았기 때문에 우리나라에서도 이를 본받아 장님을 장악원에 예속시켜 두고 악기를 들고서 연주하도록 하였으므로, 여기에 의거하여 조정의 반열에 참

여시켜서 어가를 공경스럽게 전송하고 맞아들이는 것이다.*

이규경은 당시 임금이 묘제를 지내기 위해 거둥할 때마다 여러 맹인들이 집단으로 도포를 입고 성밖으로 나가 공경스럽게 전송하고 맞이하는 등 조정의 벼슬아치와 반열을 같이한다고 했다. 참고로 『순종국장록』에 의하면, 1926년 대한제국의 마지막 황제인 순종이 53세를 일기로 세상을 떠나자, 조선맹인조합 회원 100여 명은 훈련원에 모여 봉도(奉導: 어가를 인도함) 대신 참배하기로 결의했다. 그런데 일제강점기 서대문경찰서에서는 혼잡한 날 눈먼 사람들이 함께 섞여 있는 것은 위험하다면서 이를 허가하지 않고, 대신에 국장 전날 청량리에 나가 기다리고 있다가 그 이튿날 장례 행렬 때 참배하라고 지시했다. 조선시대에는 맹인 판수들도 국장 때 어가를 인도하며 잡귀를 물리치곤 했으나, 일제강점기에는 안전을 이유로 참배만 하도록 했던 듯하다.

이규경은 맹인들이 임금의 거둥 때 조정의 관료들과 함께 어가를 전송하고 맞이하는 풍습의 유래를 중국 고대로부터 찾고 있다. 하·은·주 시대의 맹인들은 조정의 신하가 되어 시를 외워 바른말을 하거나 북을 두드려 일식과 월식 같은 재이를 막곤 했다. 또 그들은 음악을 담당하는 관리로도 활동했는데, 조선에서도 이를 본받아 장악원에 관현맹인을 두어 궁궐에

---

* 이규경 지음, 같은 책, 108면.

서 연주하도록 했다고 한다. 이처럼 맹인들은 원래 조정의 관리였기 때문에 임금의 거둥 때도 다른 벼슬아치들과 함께 어가를 전송하거나 맞이하게 되었다는 것이다.

『인정』에 나타난 최한기의 장애관

최한기(1803~1877)는 19세기 중, 후반 실학자이자 과학·사회사상가였다. 경기도 개성에서 태어나 서울로 이주하여 살았으나 당대 학자들과 교유가 거의 없었던 재야 학자였다. 23세 때 생원시에 합격했으나 벼슬길에 나가지 않고 일생을 학문과 저술로 일관했다. 지금까지 알려진 저서만 해도 100여 권에 이르고, 실제로 남아 있는 것은 80여 권가량이다. 현재 남아 있는 저서들만 살펴봐도 천문, 지리, 농업, 기계, 수학 등의 자연과학을 비롯해서 철학, 사회사상과 제도 등 다양한 학문 분야에 관심을 갖고 연구했음을 알 수 있다.[*]

최한기는 기학을 중심으로 자연과학과 사회과학을 아우르고자 했다. 최한기에게 있어서 '기'는 매우 중요한 개념이다. 그는 주체적인 사물에서부터 추상적인 의식에 이르기까지 세상에 존재하는 모든 것의 근원을 기로 보았다. 기의 흩어짐과 모임에 의해 만물이 생성되고 존재한다는 것이다.[**]

---

[*]   민족문화추진회 편, 『국역 인정』1, 한국학술정보(주), 2007, 5~6면.
[**] 한국철학사연구회 지음, 앞의 책, 310~315면.

최한기는 기를 부단히 움직이는 존재로 파악했는데, 이를 독창적인 개념인 '운화(運化)'로 표현했다. 운화란 '활동운화'의 줄임말로, 그 범주(시공간 혹은 쓰임)에 따라 각기 다른 이름으로 불린다고 했다. 예컨대 천지운화는 우주와 자연의 층위에서 이루어지는 기의 움직임이고, 통민운화는 사람 간의 층위에서 이루어지는 기의 움직임이며, 일신운화는 개별 인간의 층위에서 이루어지는 기의 움직임을 말하였다. 다시 말해 기의 운화는 모든 존재에 미치지 않는 곳이 없었다. 이는 세상의 모든 것은 부단히 살아 움직이며, 항상 변화한다는 의미를 내포하고 있었다.*

최한기의 장애 인식과 장애 복지론은 58세에 완성된 25권 12책의 『인정(人政)』에 잘 나타나 있다. 『인정』은 조선시대 인사 행정의 문제와 그 대안을 제시해놓은 저술로, 크게 측인문, 교인문, 선인문, 용인문으로 구성되어 있다. 한마디로 사람을 잘 헤아리고, 가르치고, 선발하고, 써야만 세상이 막히거나 분열되는 근심이 없고, 하늘과 인간의 큰 다스림이 이루어진다는 것이다.**

---

*　손승남, 「혜강 최한기의 『인정』에 관한 교육해석학적 고찰」, 『교육문화연구』제 24~2호, 인하대학교 교육연구소, 2018, 365~366면.

**　민족문화추진회 편, 위의 책, 9면.

형모는 마음만 못하다

먼저 최한기는 「측인문」에서 '형모(겉모습)는 마음만 못하다'고 했다.

> 옛말에 '덕은 아름다우나 형모가 못생긴 것은 군자가 되기에 무방하고, 형모가 아름다우나 행실이 흉한 것은 소인이라 하기에 해로울 것이 없다'고 했다. 순자는 '형모를 상보는 것이 마음을 상보는 것만 못하고, 마음을 논하는 것이 덕을 논하는 것만 못하다'고 했다. 덕은 얻는 것이니, 신기의 운화가 선을 얻어 인물을 조화시키는 것이다. 그러므로 덕이 있는 사람은 비록 형모는 못생겼더라도 반드시 화명온유한 태도가 겉에 드러나 물건에 응하므로 실로 못생긴 것이 아니고, 덕이 없는 자는 형모가 비록 아름답더라도 반드시 간사하고 아첨하는 버릇이 낯빛에 나타나 남에게 미움받으므로 실로 아름다운 것이 아니다. 측인(測人)하는 사람이 다만 형모만 보고 선악과 길흉을 논하면 실수가 많을 것이므로, 이 기의 운화를 버리고 형모를 버리고 마음을 논할 수 없다.*

예부터 사람들은 형모보다는 마음을, 마음보다는 덕을 더욱 중시했다. 덕 있는 사람은 형모가 비록 못생겼더라도 실제

---

* 민족문화추진회 편, 『국역 인정』1, 한국학술정보(주), 2007, 90면.

로 못생긴 것이 아니었다. 그러므로 사람을 헤아릴 때 형모만 보고 선악과 길흉을 판단하면 실수하게 된다는 것이다.

그럼에도 사람들은 특이한 형모에 대해 별명을 붙이곤 한다고 했다.

> 무릇 사람의 체용(體用)이 보통과 특이하게 다르거나, 혹 용모가 뭇 사람에 비하여 괴이하다면, 반드시 속칭의 별명이 있다. 눈깜작이, 체머리, 곰배팔이, 말더듬이, 애꾸, 들린입, 개귀, 쇠코 등 이루 다 들 수가 없다. 이는 모두 무식한 사람들이 지적하는 칭호이다. 그러나 칭호에 따라 그 사람과 비교해 보면 그 별명이 그냥 생긴 것이 아니라 근거할 만한 것이 있다. 그 사람에게 있어서 좋지 않은 형모가 다른 사람에게 있어서는 특수한 형상이 되니, 특이한 형모는 지혜 있는 자와 어리석은 자를 막론하고 누구나 능히 지적하여 분별할 수 있음을 여기에서 알 수 있다.[*]

사람들은 용모가 특이하면 별명을 붙이곤 하는데, 이는 무식한 사람들이나 하는 짓이라는 것이다. 또 그렇게 하는 이유는 남과 분별하기 위해서라고 한다. 19세기에 기형이나 장애를 가진 특이한 몸에 대해 별명을 지어 붙였음을 알 수 있다.

---

[*] 민족문화추진회 편, 『국역 인정』1, 한국학술정보(주), 2007, 100면.

장애인도 교육이 가능하다

최한기는 『인정』 「교인문」에서 청각 장애, 시각 장애, 언어 장애를 가진 사람도 교육이 가능하다고 역설하였다. 먼저 그는 '귀머거리도 내교(內敎)는 있다'에서, 청각 장애인도 마음 속의 근본적인 교육은 가능하다고 보았다.

> 귀머거리는 가르침이 있는지 알지 못한다. 언어를 배울 수 없어서 문자를 알지 못하고, 적막한 세계에서 다만 먹고 마실 줄만 알 뿐이다. 그 나머지 일신운화의 성장하고 쇠퇴함은 비록 완전한 사람과 다름이 없는 것 같지만 사실 이 한 구멍이 병들어 못쓰게 됨으로 말미암아 운화 또한 미비함이 많다. 또한 귀머거리는 아니라도 심농(心聾)인 사람이 있으니, 이런 자는 비록 가르침을 듣기는 해도 알지 못해서 평생토록 가르침이 없는 사람이 된다.
>
> 가르침이 귀를 통해 들어가는 것은 외교(外敎)이고, 신기로 통하는 것은 내교(內敎)이다. 외교가 들어가지 않으면 가르침을 베풀어 놓은 언어 문자와 물건의 이름을 모두 모르지만, 그 내교는 절로 통하여 여름에는 베옷을 입고 겨울에는 가죽옷을 입고, 낮에는 일어나고 밤에는 잠자고, 목마르면 마시고 배고프면 먹어서, 자신의 운화를 행하게 된다.
>
> 반면 심농인 사람은 외교와 내교가 한결같이 분명하지 못하여 가르침이 있는지 없는지조차 모르니, 병폐됨이 이보다 더한 것이 있겠는가. 중년 이후에 귀머거리가 된 사람은 언어

> 와 문자와 기거와 동작은 이미 배움이 있으므로, 가르침이 비록 귀머거리 아닌 사람과 같지는 못하더라도 배운 것을 실천하면서 종신토록 살아간다면 무슨 모자람이 있겠는가.*

우선 최한기도 청각 장애인을 교육하기란 쉽지 않음을 인정한다. 언어나 문자를 배울 수 없어 어두운 세상을 살아가기 때문이다. 하지만 청각 장애인보다 심농, 즉 마음에 귀가 먹은 사람이 가르치기가 더욱 어렵다고 한다. 그런 다음 교육에는 외교와 내교, 즉 겉과 속의 가르침이 있다면서, 청각 장애인은 내교만 이루어져도 일상생활을 하는 데에 지장이 없다고 한다. 반면에 심농은 안팎이 꽉 막혀 가르침 자체가 있는지조차 모른다고 한다. 특히 중도에 청각 장애를 입은 사람은 그 동안의 교육만으로도 평생을 살아가는 데 전혀 지장이 없다고 했다.

또한 최한기는 『교인문』의 '장님과 벙어리의 가르침'에서 시각 장애인과 언어 장애인도 남아 있는 몸의 다른 기능을 활용하여 얼마든지 교육이 가능하다고 했다.

> 장님은 가르칠 수 있다. 눈동자로 보는 것은 막혀서 빛깔을 보지는 못하지만, 신기로 보는 것이 있어 빛깔에 대해서는 밝게 듣는다. 그래서 남의 언어를 잘 들어 생각함이 상당히 넓고, 수교(手敎)에 밝아서 사물의 형체로 상상한다. 무릇 인

---

* 민족문화추진회 편, 『국역 인정』2, 한국학술정보(주), 2007, 58면.

도와 인사에 대해서도 모두 짐작하고 헤아려, 때로는 눈은 있지만 마음이 눈먼 사람보다는 나은 경우가 있다. 벙어리를 가르치는 것과 비교하면, 비록 이것이 저것보다 낫기도 하고 저것이 이것보다 낫기도 하지만, 이들은 모두 병폐된 몸이라 신기의 통함이 다 갖추어지지 못해서 가르침이 온전할 수 없다.

온몸에 병든 곳이 없는 사람도 통하는 곳을 따라서 가르침을 베풀어야 한다. 이는 마치 귀머거리는 시각에 의해서 가르치고 장님은 청각에 의해서 가르치는 것과 같은데, 그것이 신기에 통달하여 넓은 것을 옮겨 가르면 이목구비와 수족이 모두 신기에 통해서 그 사용함이 모자람이 없게 된다. 그래서 남의 이목구비와 수족의 신기에도 통하게 되니, 이것이 바로 귀로써 귀를 가르치고, 눈으로써 눈을 가르치고, 입으로써 입을 가르치고, 코로써 코를 가르치고, 손으로써 손을 가르치고, 발로써 발을 가르치고, 신기로써 신기를 가르치는 것으로, 가르침이 생긴 근거이다. 그러나 장님은 눈으로써 사람을 가르칠 수 없고, 벙어리는 말로써 사람을 가르칠 수 없다.*

여기에서도 최한기는 시각 장애인의 경우 눈으로써, 언어 장애인의 경우 말로써 가르칠 수 없기 때문에 온전한 교육이

---

* 민족문화추진회 편, 『국역 인정』2, 한국학술정보(주), 2007, 59면.

이루어질 수 없음을 인정한다. 그러나 시각 장애인도 기운이나 마음으로 보는 것이 있어서 생각이 넓고 사물의 형체도 상상을 통해 알아낸다는 것이다. 이 글의 핵심은 두 번째 문단이다. 최한기는 아무리 몸이 아픈 사람도 통하는 곳에 따라 교육할 수 있다고 하면서, 청각 장애인은 시각으로, 시각 장애인은 청각에 의지하여 가르치면, 온몸이 서로 통하여 부족함이 없다는 것이다.

그와 함께 최한기는 1836년에 저술한 『기측체의』의 〈체통(體通)〉 편에서 시각 장애인과 청각 장애인의 구체적인 교육 방법을 제시하고 있다.

> 소경에게 글을 가르치는 데는 손으로 판각을 만져서 알게 하며, 귀머거리에게 종을 치는 법을 가르치는 데는 눈으로 곡종의 꺾이는 마디를 보아서 알게 한다. 이것은 형질은 비록 병집이 덮였더라도 신기는 변통할 만하기 때문이다.[*]

시각 장애인에게는 손으로 점자판을 만져 글을 가르치고, 청각 장애인에게는 눈으로 악보를 보게 하여 종치는 법을 가르칠 수 있다는 것이다. 마지막으로 최한기는 비록 장애가 있다 할지라도 기운이나 마음은 통할 수 있기 때문에 그것들이 가능

---

[*] 최한기 지음, 김락진·강석준 옮김, 『신기통』, 여강, 1996, 71면.

하다고 했다. 이는 아마 서양의 근대적 장애 교육법을 접하고 나서 자기 나름대로 해석해서 말한 것이 아닐까 한다.

모든 사람은 다 쓸 수 있다

우리나라는 장애인의 경제 활동을 지원하고자 1991년부터 장애인 의무 고용제를 실시하고 있다. 그럼에도 불구하고 장애인 고용률은 36.4퍼센트로 전체 인구 고용률의 절반 수준에 그치고 있다. 기업이 의무 고용률을 미달할 경우 장애인 고용 부담금을 납부하도록 되어 있지만, 그 금액이 적은 탓에 장애인 고용 의무를 위반하는 기업이 많기 때문이다. 대기업 10곳 중 7곳이 장애인 고용 의무를 지키지 않고 벌금을 내는 것이 더 효율적이라 생각하고 있다고 한다.

19세기 최한기는 사람이 모두 쓰이게 된 뒤에야 인도(人道)가 밝아진다고 보았다. 그는 용모나 신분보다 능력에 따라 등용할 것을 주장했다.* 최한기는 『인정』「용인문」에서 용인(用人), 즉 사람을 쓰는 방법을 구체적으로 제시하고 있다. 우선 그는 「용인문」의 서문에서 사람을 쓰는 근본적인 원리를 이렇게 주장한다.

시력이 부족한 사람은 다른 사람의 눈 밝음을 빌려 그 시력

---

* 한국철학사연구회 지음, 앞의 책, 322면.

으로 삼아 쓰고, 청력이 부족한 사람은 다른 사람의 청력을 이어 그 청력으로 삼아 쓰고, 힘이 넉넉하지 못한 사람은 다른 사람의 힘을 빌려 그 힘으로 삼아 쓰고, 학식이 이루어지지 않는 자는 천인(天人)의 통달한 학식을 지닌 사람에게 지도를 받아 그 학식으로 삼아 쓰고, 경륜이 충실하지 못한 사람은 다른 사람의 운화에 순종하거나 거역하고 어기거나 합하는 것에서 증험을 찾아 그 경륜으로 삼아 쓴다. 나아가 재산, 그릇, 문예, 기능에 이르러서도 자신이 성취하지 못했거나 혹 부족한 것이 있으면, 내가 먼저 다른 사람의 쓰임거리가 되는 방도를 행한 뒤에 다른 사람이 기꺼이 나의 쓰임이 될 것을 기다려야 하니, 이것이 용인(用人)의 공통된 법칙이다.[*]

사람을 쓸 때 뭔가 부족한 부분이 있는 사람은 다른 사람의 도움을 받게 하면 된다는 것이다. 예를 들어 눈이 잘 보이지 않는 사람은 눈이 좋은 다른 사람의 도움을 받게 하면 되고, 귀가 잘 들리지 않는 사람은 귀가 잘 들리는 다른 사람의 도움을 받게 하면 된다는 것이다. 다시 말해 모든 사람은 어떻게든 다 쓸 수가 있다는 것이다.

또한 최한기는 『용인문』의 '가불가(可不可) 중에 또 가불가가 있다'에서, 사람을 쓰는 구체적인 방법에 대해 얘기하고 있다.

---

[*] 민족문화추진회 편, 『국역 인정』4, 한국학술정보(주), 2007, 150면.

> 장님의 눈은 보는 데는 쓸 수 없고 벙어리는 말하는 데는 쓸 수 없으며, 귀머거리는 듣는 데는 쓸 수 없고 어리석은 자는 일을 모의하는 데는 쓸 수 없다. 그러나 장님이라도 듣는 데는 쓸 수 있고, 귀머거리라도 보는 데는 쓸 수 있으며, 벙어리라도 말할 필요가 없는 데는 쓸 수 있고, 어리석은 자라도 한 가지 전문 분야에는 쓸 수 있다. (──) 쓸 만한 것 중에서 쓸 수 없는 것을 버려 그 쓸 만한 점을 완전하게 하고, 쓸 수 없는 것 중에서 쓸 만한 점을 취하여 무용한 사람이 없도록 해야 비로소 사람을 쓰는 도리를 다했다고 할 수 있다.[*]

모든 사람은 쓸 수 없는 것 중에서도 쓸 만한 것이 분명히 있다는 것이다. 예를 들어 시각 장애인은 볼 순 없지만 들을 순 있고, 청각 장애인은 들을 순 없지만 볼 수는 있기 때문이다. 그러므로 사람을 쓰는 방법은 바로 쓸 수 없는 것 중에서 쓸 만한 점을 취하여 세상에 무용한 사람이 없도록 하는 것이라고 했다.

---

* 민족문화추진회 편, 『국역 인정』4, 한국학술정보(주), 2007, 231~232면.

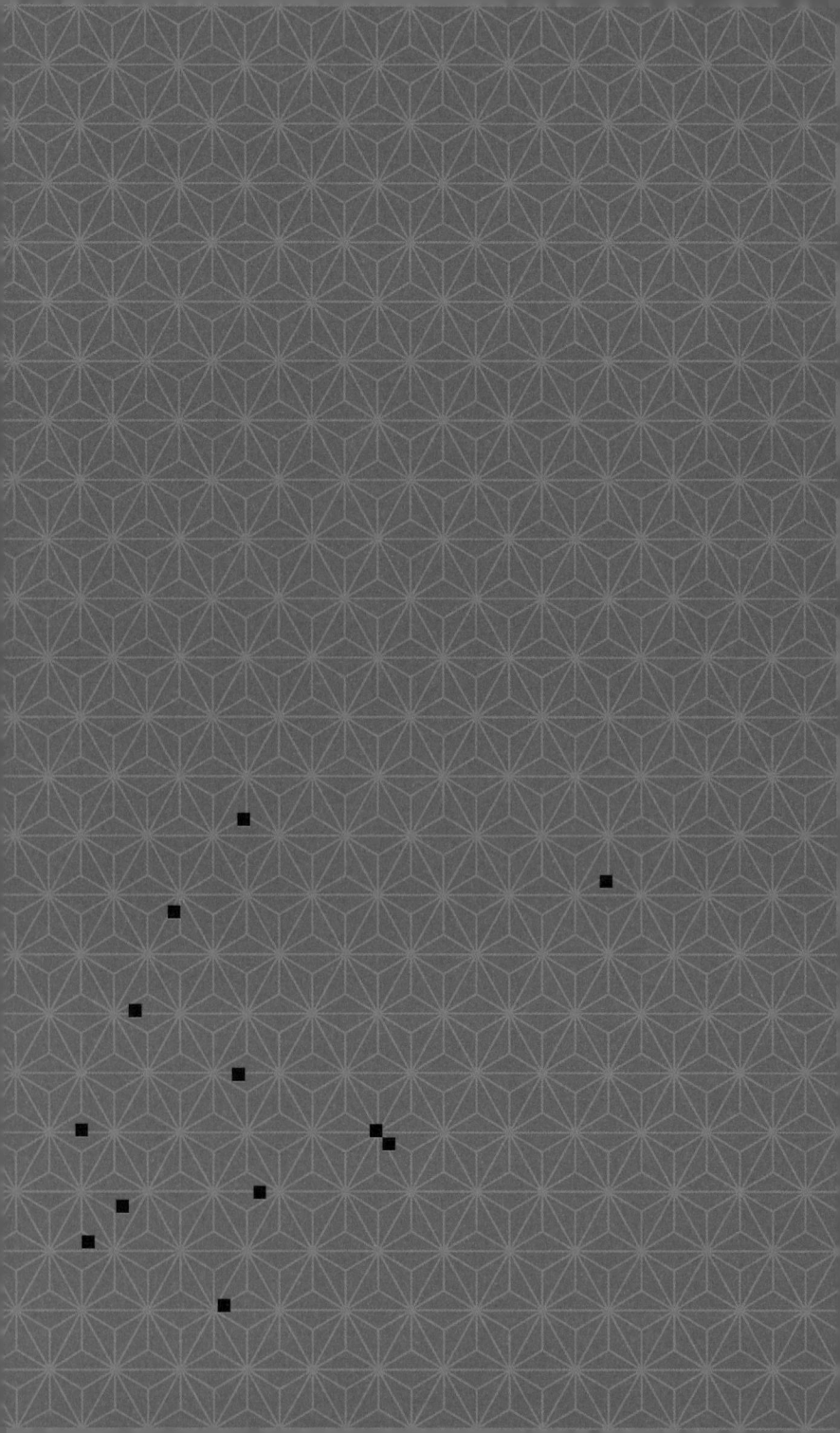

실학자의 장애 인식은 과거에만 국한된 것이 아니라 오늘날 우리가 지향해야 할 것이자 세계적으로도 중요한 역사가 아닐 수 없다. 특히 실학자의 올바른 장애관, 선진적인 장애 복지론, 개방적이고 포용적인 교유 관계는 중요한 현대적 가치를 지니고 있다.

7

**에필로그:
실학,
장애를 뛰어넘다**

현대 우리나라의 학자들은 평소 장애에 대해 무관심하고, 오히려 신경 쓰기를 꺼려하는 편이다. 당연히 장애에 대한 이해는 거의 없을뿐더러, 심지어는 장애에 대해 무턱대고 부정적으로 바라보는 왜곡된 장애 의식마저 갖고 있다. 반면에 조선 후기 실학자들은 장애에 대한 관심이나 이해가 높았을 뿐 아니라 각 장애의 특성에 대해 나름 과학적으로 파악하고 있었다.

또한 실학자들은 올바르고 수준 높은 장애관을 제시하여 장애와 비장애의 통합사회를 만드는 데도 기여했다. 예컨대 성호 이익은 장애란 몸의 한 특징에 불과하므로 굳이 그것을 따질 필요가 없으며, 연암 박지원은 장애란 고정불변의 절대적인 것이 아닌 상황이나 입장에 따라 달라질 수 있는 상대적인 것이라고 했다. 그와 함께 실학자들도 이전의 성리학자들처럼 겉으로 드러난 장애보다 속에 있는 마음을 중시하도록 했는데, 예를 들어 홍길주는 〈농아재기〉에서 장애는 상관없고 마음이 문제이니 농아를 즐길 뿐 근심하지 말라고 했다. 이용휴나 박지원, 최한기 등도 겉모습보다 내면의 마음, 덕을 보라고 했다.

실학자들은 장애 복지에 있어서도 단순히 구휼하는 차원을 넘어 장애인도 비장애인과 똑같이 배우고 일하여 자립 생활을 해야 한다고 했다. 대표적으로 최한기는 비록 쉽지는 않지만 장애인도 남아 있는 몸의 다른 기능을 활용하여 얼마든지 교육이 가능하다고 했다. 나아가 홍대용을 비롯한 정약용, 최한기 등은 장애인도 모두 능력에 따라 직업을 갖고 일(노동)을 해야 한다고 주장했다. 그래야만 사회에서 당당하고 떳떳하게 살아갈 수 있기 때문이다. 이처럼 실학자들은 장애인을 엄연한 사회 구성원으로 인정했으며, 장애 복지를 기존처럼 단순히 수혜적 측면이 아닌 주체적, 자립적 관점에서 적극적인 복지 정책을 제시했다.

실학자들은 실제 생활 속에서도 장애 인물들과 활발하게 교유하며 위와 같은 자신들의 장애관을 실천으로 옮겼다. 기존 성리학자들이 주로 신분 내의 교유 관계를 맺었던 데 비해, 실학자들은 신분과 나이 및 장애마저 초월하여 폭넓은 인간관계를 맺었다. 특히 실학자들은 장애인을 동등한 인간으로 생각하고, 오직 그들의 재주와 능력에만 집중하고 거의 평등하게 대했다.

당시 실학자와 장애 인물의 교유 관계를 보면 한 가지 분명한 특징이 있다. 그들은 대개 전문 분야를 매개로 교유 관계를 형성하고 있었다는 점이다. 예를 들어 박세당과 이덕수는 학문으로, 이익과 최북은 그림으로, 이용휴와 이단전은 시로, 달성서씨 가와 김영은 수학이나 천문학으로, 김정희와 조광진은 글씨로 각각 친분을 맺었다. 이처럼 단지 일상생활만 공유하는 데 그치는 것이 아니라 전문적인 능력을 중심으로 수준 높은 우정을 쌓으며 살아갔다.

한편, 장애 당사자들도 신분이나 나이, 장애에 구애받지 않고 거침없이 살아가며 많은 역사적 업적을 이루었다. 단적인 예로 이덕수는 청각 장애를 갖고 있음에도 150여 명의 장애/비장애 인물들과 자유롭게 교유하며 대문장가로 활동했다. 최북은 시각 장애 중인 화가로서, 이단전은 중복 장애 노비 시인으로서, 장혼은 지체 장애 중인 시인이자 아동교육자로서 성호학파를 비롯한 수많은 사람들과 교유하며 뛰어난 작품들을 남겼다. 조선 후기 실학사에서의 그들의 역할과 업적도 결코 무시할 수 없는 수준이었다. 청각 장애인 유수원은 『우서』를 써서 실학의 선구자가 되었고, 중도 시각 장애인 박제가는 『북학의』를 써서 대표적인 이용후생학자가 되었다. 마찬가지로 중도에 시각 장애를 입은 황윤석은 거질의 실학서이자 문집인 『이재난고』를, 언어 장애와 정신 장애를 겪은 김영은 『국조역상고』를 비롯한 여러 권의 천문학서를 써서 후대에 남겼다.

혹자는 이러한 장애 인물들의 교유 관계와 활약상을 일부 능력 있는 인물들에 국한된 것일 뿐이라고 평가절하할지도 모르겠다. 하지만 이러한 장애 인물들이 모두 공통적으로 복잡다단한 인간관계를 형성하며 사회 속에서 활발한 활동상을 보여줬다는 점을 생각한다면, 당시 실학자를 비롯한 사람들이 장애/비장애를 따지지 않고 얼마나 자연스럽게 서로 어울려 살아갔는지 알 수 있을 것이다. 앞에서처럼 당시 장애 인물들의 교유 관계는 워낙 복잡하게 얽히고설켜 도무지 분간하기조차 어려울 지경이다.

그렇다고 해서 조선 후기 장애 현실을 무조건 긍정적으로만 보자는 뜻은 결코 아니다. 정약용이 『목민심서』에서 말했듯이 당시 사람들도 장애인을 천하게 여기고 싫어하는 경우가 분명히 있었으며, 이덕무의 『사소절』에서처럼 장애인을 비웃거나 희롱하는 경우도 있었다. 그럼에도 불구하고 조선시대는 장애인과 비장애인이 지역공동체 사회에서 더불어 살아갔고, 함께 공부하고 일하며 교유했다. 어쨌든지 조선시대는 오늘날과 달리 장애/비장애를 구분하지 않는 통합사회였고, 장애에 대해 훨씬 포용적이었던 것이다. 앞에서 유수원이나 조광진, 김영 등이 겪은 삶의 어려움도 신체적 장애 때문에 생긴 것이 아니라 정치, 경제, 신분적 한계로 인해 겪은 것이었다.

끝으로 이러한 실학자의 장애 인식은 과거에만 국한된 것이 아니라 오늘날 우리가 지향해야 할 것이자 세계적으로도 중요한 역사가 아닐 수 없다. 특히 실학자의 올바른 장애관, 선진적인 장애 복지론, 개방적이고 포용적인 교유 관계는 중요한 현대적 가치를 지니고 있다. 그와 함께 정부도 실학자의 장애 인식을 통해 진정한 장애 복지란 과연 어떤 것인지 다시 한번 깊게 생각해보는 계기가 되었으면 좋겠다. 단지 형식적이고 경제적으로만 지원하는 장애 복지가 아니라, 장애인들이 사회의 다양한 분야에서 자연스럽게 활동하며 자신들의 재주와 능력을 발휘하며 마음껏 펼칠 수 있게 지원해야 한다. 또한 더이상 장애/비장애가 이분화된 사회를 살면서 서로 갈등하고 상처받는 세상이 되도록 해서는 안 될 것이다. 현대인들도 장애는 다양한 몸의 한 특징이자 차이에 불과할 뿐 결코 특별하거나 부족한 것이 아님을 새롭게 이해했으면 싶다. 100세 장수 시대에는 나이가 들면 누구나 한두 가지씩 장애를 가질 정도로 아주 일상적인 인생 경험이 되어가고 있기 때문이다.

참고문헌

자료집

김정희, 『완당전집』 I, 민족문화추진회, 1995.
민족문화추진회, 『홍대용 담헌서』, 한국학술정보, 2008.
민족문화추진회 편, 『국역 인정』1·2, 한국학술정보(주), 2007.
박제가 지음, 정민·이승수·박수밀 옮김, 『정유각집』상·중·하, 돌베개, 2010.
박지원 지음, 김혈조 옮김, 『열하일기』1, 돌베개, 2017.
박지원 지음, 신호열·김명호 옮김, 『연암집』상·하, 돌베개, 2007.
서유구 저, 임원경제연구소 역, 『(임원경제지) 정조지』4, 풍석문화재단, 2020.
서유구 저, 진재교 외 역, 『금화경독기』, 자연경실, 2019.
서유본 저, 한민섭·박경진 역, 『좌소산인문집』, 자연경실, 2020.
서호수·성주덕·김영 편저, 이은희·문중양 역주, 『국조역상고』, 소명출판, 2004.
성대중 지음, 박소동 엮음, 『궁궐 밖의 역사』, 열린터, 2007.
성해응 지음, 손혜리·이성민 옮김, 『연경재 성해응의 초사담헌』, 사람의 무늬, 2015.

성현, 「용재총화」, 『대동야승』I, 민족문화추진회, 1973.
심노숭 지음, 안대회·김보성 옮김, 『자저실기』, 휴머니스트, 2014.
유재건 엮음, 이상진 해역, 『이향견문록』상·하, 자유문고, 1996.
윤기 지음, 강민정 옮김, 『무명자집』, 성균관대 출판부, 2013.
이규상 지음, 민족문학사연구소 한문학분과 옮김, 『18세기 조선 인물지-병세제언록-』, 창작과비평사, 1997.
이규필, 「무명자 윤기의 의식세계 고찰」, 『대동한문학』36, 대동한문학회, 2012.
이규필, 「무명자 윤기의 생애와 교유」, 『대동문화연구』31, 성균관대학교 대동문화연구원, 2015.
이덕무, 『국역 청장관전서』Ⅶ, 민족문화추진회, 1979.
이덕무 지음, 이동희 편역, 『생활의 예절(사소절)』, 민족문화추진회, 1981.
이덕수 저, 이강노 역주, 『국역 서당선생집』, 전주이씨청강공파화수회, 2005.
이용휴·이가환 지음, 안대회 옮김, 『나를 돌려다오』, 태학사, 2003.
이우성, 임형택, 『이조한문단편집』중, 일조각, 1978.
이익 지음, 김기빈 외 옮김, 『성호전집』17, 한국고전번역원, 2010.
이익, 『성호사설』Ⅳ, 민족문화추진회, 1978.
이준영 해역, 『주례』, 자유문고, 2002.
임형택 편역, 『이조시대 서사시』하, 창작과 비평사, 1992.
정약용 지음, 다산연구회 역주, 『목민심서』2, 창비, 2009.
정약용 지음, 『다산시문집』Ⅶ, 민족문화추진회, 1986.
조수삼 지음, 안대회 옮김, 『추재기이』, 한겨레출판, 2010.
조수삼 지음, 허경진 옮김, 『추재기이』, 서해문집, 2008.
조희룡 지음, 실시학사 고전문학연구회 역주, 『호산외기』, 조희룡전집6, 한길아트, 1998.
최한기 지음, 김락진·강석준 옮김, 『신기통』, 여강, 1996.
홍길주 저, 박무영·이주해 역, 『표롱을첨』상, 태학사, 2006.
홍길주 지음, 박무영 옮김, 『항해병함』상, 태학사, 2006.
홍길주 지음, 정민 외 옮김, 『19세기 조선 지식인의 생각창고』, 돌베개, 2006.

홍길주 저, 박무영·이은영 외 역, 『현수갑고』상, 태학사, 2006.
황현 지음, 임형택 외 옮김, 『매천야록』상·하, 문학과 지성사, 2005.

도록

『실학박물관』, 실학박물관, 2010.
『성호기념관 소장유물명품선』, 안산시, 2013.
『연민 이가원 선생이 만난 선비들』, 단국대학교 석주선기념박물관, 2013.
『추사박물관』, 추사박물관, 2014.
『다산 정약용』, 국립중앙박물관, 2012.
『탑골에서 부는 바람』, 서울역사박물관, 2015.
『담헌 홍대용』, 천안박물관, 2012.
『숭실대학교 한국기독교박물관』, 숭실대학교, 2004.

저서

강신항 외, (이재난고로 보는)『조선 지식인의 생활사』, 한국학중앙연구원, 2007.
강정기, 『명문탐방』1, 태봉, 2007.
김석회 옮김, 『조선의 숨은 고수들』, 청동거울, 2019.
김정호, 『조선의 탐식가들』, 따비, 2012.
박광용, 『영조시대를 만든 사람들』, 한국학중앙연구원 출판부, 2013.
박유상, 『풍석 서유구, 조선의 브리태니커를 펴내다』, 자연경실, 2017.
신돈복, 『(국역) 학산한언』1~2, 보고사, 2006~2007
신창호, 『사서(대학·논어·맹자·중용)』, 나무발전소, 2018
안대회·이현일 편역, 『한국 산문선』8, 민음사, 2017.
안대회, 『천년 벗과의 대화』, 민음사, 2011.
유홍준, 『추사 김정희』, 창비, 2018.
이규상 지음, 민족문학사연구소 한문학분과 옮김, 『18세기 조선 인물지(병세제언록)』, 창작과 비평사, 1997.
이상원, 『노비문학산고』, 국학자료원, 2012.
정만조 외, 『농암 유수원 연구』, 사람의 무늬, 2014.
정창권, 실학자의 장애 의식, 『호모 아토포스의 탐색』, 문, 2024.

정창권, 『근대 장애인사』, 사우, 2019.
정창권, 『세상에 버릴 사람은 아무도 없다』, 문학동네, 2005.
정창권, 『정조처럼 소통하라』, 사우, 2018.
정창권, 『조선의 살림하는 남자들』, 돌베개, 2021.
정창권, 『한쪽 눈의 괴짜화가 최북』, 사계절, 2014.
한국철학사연구회, 『한국실학사상사』, 다운샘, 2000.
『조선시대 풍속화』, 국립중앙박물관, 2002.
『웃대, 중인 문화를 꽃피우다』, 서울역사박물관, 2011.

논문

강성숙, 「기억을 통해 드러나는 18세기 사대부의 여성상」, 『겨레어문학』38, 겨레어문학회, 2007.
권혜은, 「최북의 화조영모화를 통해 본 안산문인들과의 교유」, 『미술사연구』26, 미술사연구회, 2012.
구자훈·한만섭, 「김재로 금석록의 구성과 그 특징」, 『한국실학연구』21, 한국실학학회, 2011.
김문식, 「풍석 서유구의 학문적 배경」, 『진단학보』108, 진단학회, 2009.
김월덕, 「기정진 설화의 인물형상화와 전승동력」, 『구비문학연구』48집, 한국구비문학회, 2018.
명평자, 「금대 이가환 시의 창작배경」, 『한국사상과 문화』105, 한국사상문화학회, 2022.
변해원, 호생관 최북의 생애와 회화세계 연구, 고려대학원 석사학위논문, 2007.
손승남, 「혜강 최한기의 『인정』에 관한 교육해석학적 고찰」, 『교육문화연구』제24~2호, 인하대학교 교육연구소, 2018.
이승수, 「서당 이덕수의 사우관계」, 『한국고전연구』8, 한국고전연구학회, 2002.
이황진, 「서당 이덕수의 교유 관계 고찰」, 『동양고전연구』86, 동양고전학회, 2022.
정창권, 조선시대 장애 복지법과 자립 정책, 『민족문학사연구』84호, 민족문학사연구소, 2024.
조윤선, 「농암 유수원의 생애와 사법제도」, 『한국인물사연구』10, 2008.
최형석, 「졸수재 조성기의 산문 연구」, 영남대대학원 한문학과 박사학위논문, 2013.
「한국 장애사의 현황과 과제」, 『역사문제연구』42, 역사문제연구소, 2019.

포용과 공존을 실천한 조선의 뛰어난 사상가들
실학자의 눈으로 본 장애 이야기

1판 1쇄 인쇄　2025년 8월 1일
1판 1쇄 발행　2025년 8월 8일

지은이　　　정창권
펴낸이　　　유지범
책임편집　　구남희
편집　　　　신철호 · 현상철
외주디자인　심심거리프레스
마케팅　　　박정수 · 김지현

펴낸곳　　　성균관대학교 출판부
등록　　　　1975년 5월 21일 제1975-9호
주소　　　　03063 서울특별시 종로구 성균관로 25-2
전화　　　　02)760-1253~4
팩스　　　　02)760-7452
홈페이지　　http://press.skku.edu/

ISBN　979-11-5550-673-8　03100

잘못된 책은 구입한 곳에서 교환해 드립니다.